卡內基

經典新版

人生致勝教典

戴爾・卡內基／原作
舒丹、楊菁、王蕾／編著

卡內基 Dale Carnegie
人生致勝教典
目錄

憂慮是隱藏在人生路上的一大殺手，它隨時可能侵害人的頭腦和神經，並導致諸如心臟病、高血壓、風濕、感冒等疾病……克服憂慮，刻不容緩。要注意培養一種平常心，自我控制，樂觀開朗地面對身邊的一切。

「前言」

在泥沼中掙扎的人，一隻手，就可以幫助他脫離困境。

在黑暗中迷路的人，一盞燈，就可以引領他奔向光明。

在生活中困惑的人，一句話，就可以激發他無窮的力量。

卡內基的人生智慧，是能夠影響我們生命之旅的希望之手，也是能夠改變我們人生軌跡的理想之燈，更是教育、鼓舞和激勵我們走向成功的金典之言。

卡內基，這個在美國乃至世界家喻戶曉的名字，這個幫助過千百萬人克服人性的弱點，開發人的潛在智慧，從而開創了人類成功學之先河的人生大師，是他，聚集了人類的智慧，總結人生成功的經驗，最終發現了人生成功的奧秘和獲得快樂人生的真諦，並施惠於千百萬人。一百多年來，卡內基的人生智慧，激勵著無數人獲得了財富，獲得了權勢，獲得了成功，獲得了人生的幸福與快樂。

人生，是一個最難說得清、最不好概括、最不易掌控的生命歷程。有的人窮其一生，也無法悟出人生的真諦；有的人奮鬥一生，卻仍只是在成功的邊緣上徘徊；有的人一生顯耀，到頭來卻一無所有；有的人一生富有，卻終究找不到生活的快樂。這時的人們，最需要的是人生導師的點撥，最需要的是人生智慧的啓迪。因爲，一句精闢的人生格言。就可以影響和改變他的一生，使他的人生前途接近光明，帶來希望，與成功對接。

聆聽成功學大師卡內基的人生經典格言，領悟他的智慧思想，可以爲每個追求夢想的人，尤其是爲廣大青年朋友，提供有益的精神食糧，同時可以讓我們領悟到生活的真諦，理解到人生的意義和價值，找到自己的幸福與快樂。

卡內基雖然早已離我們而去，然而在今天，當我們重溫這位人生大師所留下的哲理名言時，仍對我們有著充滿魅力的啓迪和借鑒。今天，當我們翻開這位成功的智者所提示的智慧經典時，仍無法抑制內心的衝動與尊敬。卡內基的人生智慧，是一面鏡子，可以折射人性的本色；是一雙聰慧而有力的手，可以撥開我們人生的迷霧；是一盞明亮而溫暖的燈，可以幫助我們找到自己的希望之路、成功之路。

爲了讓廣大讀者朋友能夠在較短的時間裏，學習並掌握卡內基的人生智慧，我們分析研究了卡內基的全部著述，並從中找出最能反映他的思想、對當代青年最有啓迪意義的精彩內容，編輯成本書。

書的價値在於其思想內涵，思想的魅力在於其感人育人。當青年朋友正在走向成熟的時候，最需要智者的指導。當人生中遇到困惑時，最需要思想的感召。這本富有指導與啓迪意義的介紹卡內基人生智慧的書，最顯著的特徵是思想深邃，喻理入情，具有可參考、可借鑒、可操作運用的鮮明特點。

本書告訴你：人生應該持怎樣的態度，人生要恪守哪些法則，在生活中我們應該如何潔淨心靈，如何智慧處世，如何依靠自我走出人生的低谷，如何善於生存並創造出生命的奇蹟。

本書以卡內基的智慧金言引路，以成功者的人生經驗作詮釋，幫助廣大讀者充分釋放自身的潛在能量，正確面對人生的挑戰，從而改變現狀，創造出一個嶄新的自我，一個快樂的人生。

每個人都有自己的夢想，每個人都想實現自己的夢想。誰不想活出精彩，活得轟轟烈烈，卡內基的人生智慧會爲你的夢想插上翅膀，本書願幫助每個追夢人，其人生的未來，如星月般耀眼，如彩虹般壯麗。

舒丹博士

上篇

營造良好的人際關係
——如何贏得友誼並影響他人

人字的結構是相互支撐，良好的人際關係是人生和事業成功的關鍵。

能替他人著想，是人生的第一大學問。尊重他人，發自內心地讚賞他人，學會換位思考，設身處地站在他人的立場上考慮問題，你就會發覺你的朋友一天天地多起來。

與人交往是一種能力，一門學問。做個善於傾聽的聽眾，多聽少說，不隨意批評和責怪別人，儘量不要反駁別人，這樣就會擁有良好的人際氛圍。

良言一句三冬暖，惡語傷人半句寒。讚美收到的效果總是大於批評。學會讚美，用「微笑」來增加你的魅力，這樣就能贏得你身邊每一個人的友誼。

第一章
尊重與讚賞他人，並為他人著想

1 真心誠意地讚賞別人

戴爾·卡內基智慧金言

一個人，當得到讚許時，總會比得到批評時工作更出色

如果你想說服他人，首先應該從稱讚與真誠地欣賞開始

鋼鐵大王安德魯·卡內基付給施科勃一百萬美元的年薪，也就是一天三千多美元的薪水。這是爲什麼？

卡內基之所以這樣做，是因爲施科勃是個天才嗎？是因爲他所掌握的鋼鐵製造知識比別人更多嗎？那絕對是瞎說，施科勃自己就曾告訴過我，他資質愚鈍，甚至在他手下做事的許多人都比他在這方面知道得更多。

施科勃說，他之所以能獲得這麼高的薪水，主要是他出色的為人處世本領。卡內基問他是如何與人相處的，他親口說出了自己的秘訣。

施科勃說：「我認為我所擁有的最大資本，就是我鼓動、激發員工的熱情的能力。而充分發揮一個人才能的方法，正是讚賞和鼓勵。在這個世界，上司的批評最容易扼殺一個人的雄心壯志。我從來都不批評任何人。我認為應給人工作方面的激勵。所以我更加樂於稱讚，而不喜歡挑剔。如果說我有什麼偏好的話，那就是我『誠於嘉許，寬於稱道』。」

施科勃的做法不可謂不高，而現實生活中，很多人正好與之相反，如果不喜歡某件事，就會竭力挑剔它的毛病；而如果真的喜歡它，也會閉口不談，就好像它完美得無可挑剔一般。

「我這輩子交際很廣，見過世界上的許多著名人物，」施科勃說，「我發現所有的人，無論他如何偉大，地位如何高，當他在得到讚許的情況下工作時，總是會比在被批評時工作更出色，成就也更大。」

其實，他所說的也正是鋼鐵大王安德魯・卡內基創造出驚人成就的一個重要的原因。

卡內基不僅僅是私下裏，而且還在許多公開的場合稱讚他的雇員，甚至在他的墓碑上還不忘稱讚他的雇員。他給自己寫了一句這樣的碑文：

「長眠於此處的，是一個知道如何與比他自己更聰明的人相處的人。」

真誠的讚賞也是石油大王洛克菲勒與人打交道的一個成功的秘訣。

當一位名叫愛德華的同事，因為計畫不周而在南美搞砸了一大筆買賣，使公司損失上百萬美元的時候，洛克菲勒本來可以對愛德華大加指責的，但他知道愛德華的確盡了自己最大的努力，更不用說這件事已經發生了，因此洛克菲勒並沒有責怪愛德華，而是將這件事情朝好的一面來看。

他找到了愛德華值得稱讚的地方，說：「幸虧你保住了我們六成的投資，這已經很不錯了。我們不可能每件事情都不出錯。」

齊科菲——一位頗富盛名的歌舞劇團老闆，在百老匯可謂呼風喚雨，因為他可以讓一個普通女子在一夜之間揚名四海而享有盛譽，那些人們哪怕是再多看一眼也不情願的很不出色的女子，在經過他的訓練之後，總是能夠魔術般地變成舞臺上極富魅力的名角。

他深知讚賞和自信的妙處，他總是會用那種熱切的殷勤和體貼的關懷，來使那些女子相信自己的美麗。他不僅為那些歌女增加薪水；他還在福立士歌舞劇開始上演的晚上，向劇中明星們發電報祝賀，並將美麗的玫瑰花贈送給每一位參加表演的舞女。

成功學家戴爾·卡內基曾給人們講過這樣一個自己的故事：

記得我有一次迷上了當時流行的節食風潮，竟六天六夜沒有吃一點東西。不過這並沒有什麼難的。尤其是在第六天結束時，我反而不覺得比第二天更饑餓難耐。但我知道，而且你也知道，如果有人強迫他們的家人或雇員六天不許吃東西，那麼這就是在犯罪；然而如果六天、六星期，或六十年都不給人任何讚賞，那麼這又算不算犯罪呢？

演員阿爾弗雷德在《維也納團聚》一劇中擔任主角時曾說：「我最迫切需要的東

西，就是我的自尊。」

阿爾弗雷德說：「我們供養我們的孩子、朋友和職員的生活，但我們對他們自尊心的關注卻少得可憐；我們爲他們提供食物，以增加他們的體力，但我們卻不知道給他們讚賞的語言，而這恰恰是生活中最美的晨曲，將會永遠烙印在人們的心靈深處。」

有些讀者讀到這些話時，也許會說：「老一套！阿諛奉承！拍馬屁！那一套我已試過了，根本就不管用——對有知識的人根本就沒有任何用處。」

當然，對有自知之明的人來說，拍馬屁很難起作用。因爲拍馬屁不過是膚淺、自私和虛僞的表現，它應該而且也常常遭到失敗。可是，有些人確實非常渴望得到別人的讚賞，甚至到了饑不擇食的地步。正如即將餓死之人會吃草而無所顧忌一樣，這就給了那些拍馬屁的人有可乘之機。

甚至連英國女王維多利亞也喜歡被人恭維。曾經擔任英國首相的狄斯累利私下承認，他常常在女王面前極力施展恭維之術，用他自己的話來說，也就是「盡力奉承」。

在幅員廣闊而強盛的大英帝國的統治者中，狄斯累利無疑是最文雅、最老練的人，也是一個天才。但他對維多利亞女王用的有效的方法不一定適合你我。

但這種假象卻令人喜歡，而不像假鈔那樣令人討厭。

那麼，我們又該如何區別讚賞和恭維呢？這其實很簡單，一個是真誠的（讚賞），而另一個是虛偽的（恭維）；一個是出自內心的（讚賞），而另一個只不過是口頭上的（恭維）；一個是沒有絲毫自私目的的（讚賞），而另一個是出自個人私利的（恭維）；一個將會得到天下人的欽佩（讚賞），而另一個只會被天下人唾棄（恭維）。

◆讚賞是一劑神奇之藥，能激發他人的力量。在人際交往中，善用讚賞，真心誠意地給人讚賞，就會贏得他人的合作。

2 滿足別人所需要的東西

戴爾・卡內基智慧金言

- 世上唯一影響對方的方法就是談論他所要的，並告訴他如何得到它
- 如果你能站在別人的立場去想，並以他的觀點去看事物的趨向，你就把握了成功的關鍵

卡內基每年夏季都到梅恩去釣魚。他個人很喜歡吃楊梅和奶油；但是，他看出魚類喜歡吃蟲子，所以當他去釣魚的時候，他不考慮自己所要

的東西，而考慮魚所需要的，卡內基不以楊梅及奶油為魚餌，而把一條蟲或一隻蚱蜢放在魚的面前，說：「你想吃這個嗎？」

釣魚如此，人際交往的時候，爲什麼不用同樣的常識呢？

喬治就是這樣做的。有人問他，如何能在別的戰時領袖威爾遜、奧蘭多及克里蒙梭都退位之後，他還高居權位？他回答說，如果他的居留高位可歸功於某一件事的話，恐怕就是由於他已經明白了釣魚時必須放對魚餌的這件事。

世上唯一影響對方的方法就是談論他所要的，並告訴他如何得到它。

明天你要讓人做什麼事的時候要記住這個道理。比如，如果你不願意你兒子吸菸，不要對他訓話，你所要說的不是禁止他吸菸，而是指出紙菸使他不能加入棒球隊，或不能在田徑競賽中得勝。

無論你是應付兒童，還是小牛、猿猴，這都是應該記住的一件事。

愛莫遜和他的兒子有一天要使一頭小牛進入牛棚，但他們犯了一般人常犯的錯誤，只想到他們所要的，愛莫遜推，他兒子拉。

但小牛正像他們一樣——牠只想牠所要的，所以牠挺起牠的腿，堅決地拒絕離開草地。

一位愛爾蘭女僕看到了他們的困境，她不會寫文章或做畫，但至少在這次，她比愛莫遜更懂得牛性。她想到小牛所要的，所以將她的手指放在小牛的口中，一面使小牛吸吮她的手指，一面溫和地引牠走進牛棚。

可見，滿足他人（哪怕是動物）是多麼的重要。

戴爾．卡內基曾向人們講過他自己的一段經歷：

卡內基曾租用紐約某飯店的大表演廳，每季二十晚，舉行演講。在某一季開始的時候，卡內基忽然接到通知，告訴他須付比從前多三倍的租金。這消息是在入場券已經印發，演講消息已經公布以後，才傳達到卡內基這裏的。

自然卡內基不願付增加的租金，但與飯店方面談論不會有什麼用，他們只注意他們所要的，所以過了兩天，卡內基去見經理。

「我接到你的信時我有點驚慌，」卡內基說，「但我絕不會怪你。假如我處在你的地位，我恐怕也要寫一封相似的信。你當經理的責任是儘量地贏利；如果你不那樣做，你就要被辭退，並且應當被辭退。現在，我們且拿一張紙來寫下對你的利害，如果你堅持要加租的話。」

然後卡內基取出一張信紙，在中間畫一條豎線，一行的上端注明「利」，另一行為「害」。

卡內基在「利」的一行下面寫著：「表演廳空閒」幾個字。然後，卡內基接著說：

「你可以任意出租表演廳，那是一個非常大的利益，因為像那樣，你的收入會比出租給演講所能得到的要多得多。如果我租用這一季，佔用你的表演廳二十晚，你一定會失掉那些更好的收入。

「現在，讓我們來討論害處。第一，我無法增加你的收入，你反而要減少收入。事實上，你將失掉你的收入，因為我不能付你所要的租金，我迫不得已，只好在別處舉行演講。

「對你還有一種不利。這些演講吸引知識階層的人們到你的飯店來，那對你是極好的廣告，是不是？事實上，如果你花費五千元在報紙上登廣告，你不一定能使因我的演講而吸引來的這麼多的人來光顧你的飯店，那對於一家飯店是很值得的，是不是？」

在說話的時候，卡內基將這兩種害處寫在適當標題的下面，將那張紙遞交給經理，說：「我希望你仔細考慮對你利害的兩方面，然後將最後的決定告訴我。」

卡內基第二天接到一封信，通知他租金只加百分之五十，而不是百分之三百。

請你注意，卡內基沒有說一個字關於他所要的而得到減租。卡內基總是講對方所要的，和他怎樣可以得到它。

假定卡內基照很多人通常的做法：闖入經理的辦公室，大罵道：「你知道入場券已經印好，演講消息已經公布，突然增加我三倍租金，是什麼意思？三倍！太可笑！太不近情理了！我不付！」

那麼情形將怎麼樣？爭吵、辯論！天知道會怎麼收場。即使卡內基說服經理相信他是錯的，經理的自尊也會使他難以退讓。

這兒有關於人際關係藝術的一個最好的建議：

「如果有一個成功的秘訣，」福特說，「**那就在於取得對方立場的能力，使之從他的觀點觀察事物，同你自己的觀點一樣。**」

成百上千的推銷員，徘徊路上，疲乏、頹喪、報酬不足。爲什麼？因爲他們永遠只在想他們所要的。他們不明白你我都不要買東西，如果我們要買，我們會跑出去買它。但我們永遠注意解決我們的問題；而如果一位推銷員能明確地告訴我們，他的服務或貨品能如何地幫助我們解決我們的問題，他不必向我們推銷，我們就會買。而買主喜歡感覺到他是自動想買，而不是被人推銷。

但很多人花去一生的光陰於售賣工作，而不從買主的立場看事。

卡內基住在紐約中心林邱住宅區，有一天，當他正趕去車站的時候，碰巧遇見一位房地產經紀人。

這位經紀人在長島買賣房產有好多年了。他對於林邱很熟悉，所以卡內基問他：自己的房子是用鋼鐵或空心瓦所造的？這位經紀人說他不知道，並告訴卡內基已經知道的：關於這些，你可打電話給林邱花園會詢問。

第二天早晨，卡內基接到他的一封信。

他把需要的消息給了卡內基嗎？不！他只需要六十秒鐘的時間打個電話得到它，但他沒有那樣做。他再一次告訴卡內基可以自己打電話去詢問，然後請卡內基讓他辦理相關的保險事務。

卡內基說：「他不注意幫助我，他只注意幫助他自己，最終的結果可想而知。」

專業的人也犯一樣的錯誤。

卡內基講了一個他親身經歷的故事：

「幾年前我走進一位著名耳鼻喉專家的診室，在他還沒有看我的扁桃腺以前，他問我的工作是什麼。他不注意我的扁桃腺的大小，只注意我的錢袋的大小；他關心的不是他能幫我多少忙，而是能從我這裏得到多少錢。結果是他什麼也沒有得到，我走出他的診室，再也不去這裡看診了。」

如果你從讀這本書中，學到**永遠站在別人的立場去想，並以他的觀點去看事物的趨向**，那就不難成爲你一生事業的一個關鍵。

◆人生在世，每個人都有自己的現實需要。雖然人性是自私的，但你只有從他人的立場出發，想他人所想，才能最終實現自己的需要。

3 讓對方多表現自己

戴爾・卡內基智慧金言

- 如果你想結下仇人，你要比你的朋友表現得更加出色；但如果你想結交朋友，就要讓你的朋友表現得比你更出色
- 即使是我們的朋友，他們也寧願我們只談論他們的成就，而不願意聽我們誇顯自己的過去

大多數人想使別人同意他們的觀點，可是他們自己的話卻說得太多了。尤其是推銷員，常犯這種錯誤。

儘量讓對方暢所欲言吧！對於他自己的事及他自己的問題，他一定知道得比你多，所以你應向他提出問題，讓他告訴你幾件事。

如果你不同意他的觀點，你可能會想阻止他。但最好不要這樣做，那將是十分危險的。因爲當他還有許多意見急著要發表的時候，他決不會注意你的觀點。所以，要有耐心，並以寬廣的胸襟來傾聽，要誠懇地鼓勵對方充分地發表他的意見。

費城電氣公司的約瑟韋伯先生在賓夕法尼亞一個富裕的荷蘭移民區進行農業考察。

「為什麼這些人不用電器呢？」他經過一家管理良好的農場時，問該區的代表。

「他們是守財奴，你無法賣給他們任何東西。」那位區代表厭惡地回答說，「此外，他們還對我們公司很不友好，我已經試過了，沒有任何希望。」

也許沒有任何希望，但韋伯決定無論如何也要嘗試一下，所以他又敲響了那戶農家的門。只見門打開了一道小縫，屈根堡夫人探出頭來。

「她一看見我們，」韋伯先生講述道，「就當著我們的面，重重地把門一摔。我再次敲門，她再一次把門打開。這次，她開始毫無保留地告訴我們，她對我們及我們公司的看法。」

「屈根堡夫人，』我說，『我很抱歉打攪了你。但我不是來向你推銷電器的。我只想買些雞蛋。』

「她把門再打開了些，探出頭來，用懷疑的目光望著我們。

「『我注意到了你那群多明尼克雞，』我說，『我很想買一打新鮮雞蛋。』

「門又打開了一點。『你怎麼知道我的雞是多明尼克雞？』她好奇地問我。

「『我自己也養雞，』我回答說，『但我必須承認，我從來都沒有見過比這更好的多明尼克雞。』

「『那麼你為什麼不吃你自己的雞蛋？』她仍帶著懷疑問著。

「『因為我的來亨雞下的是白殼蛋。你是一位烹調高手，當然會知道做蛋糕時，白殼蛋不如棕殼蛋好。我妻子一向對她做的蛋糕感到驕傲。』

「屈根堡夫人放心地走了出來，到了走廊上。這時她已溫和多了。同時，我的眼睛四處打量著，在院子裏有一個很好看的乳牛棚。

「『屈根堡夫人，』我接著說，『我敢打賭，事實上，你養雞賺的錢比你丈夫養乳牛賺的錢還多。』

「嘿！她高興極了！確實是她賺得多！她很高興地向我肯定了這一點，可惜她不能使她那位老頑固承認這一事實。

「她又請我參觀她的雞房。在參觀的時候，我留意到她製造的各種小器械，而我遵守了『誠於嘉許，寬於稱道』的原則。我向她詢問了有關食料及溫度方面的情況，並就幾件事徵求了她的建議。片刻之間，我們就很高興地交換了許多經驗。

「過了一會兒，她說她的幾位鄰居在他們的雞房中裝了電燈，據說效果很好。她問我是否值得採取同樣的方法。

「兩個星期以後，屈根堡夫人的多明尼克雞就在電燈的光照下滿足地叫喚著、活動著。我得到了訂單，而她也得到雞蛋，人人滿意，大家獲利。

「但——這件事的關鍵在於——如果我事先不能讓她說服自己，我永遠不能把電器賣給這對夫婦。

「不能直接向這種人推銷，你必須讓他們自己主動來買。」

讓對方自己說話，的確好處多多，不僅有利於在商業方面贏得訂單，甚至有助於處理家庭當中的一些糾紛。

芭芭拉．威爾遜和她的女兒洛瑞的關係迅速惡化。洛瑞以前是個乖巧、快樂的小孩，但到了十幾歲時，卻與母親矛盾增加，不與母親合作，有時還會為自己辯護。威爾遜夫人曾用各種辦法威嚇、教訓她，但無濟於事。

一天，威爾遜夫人在我班上說，「我放棄了一切努力，洛瑞根本不聽我的話，家務活還沒做完，就去找她的朋友玩。她回家時，我照例罵了她一頓。但我已經沒有力氣了，我傷心地對她說：『為什麼會這樣呢？洛瑞？』

「洛瑞看出了我的痛苦。她平靜地問我：『你真想知道？』我點點頭。於是她告訴我一切情況：我從來沒想過去聽她的意見，總是命令她該做這做那；當她想與我談心時，我總是打斷她，並給她更多的命令。

「我開始認識到，她其實很需要我——不是一個愛發命令的、武斷的母親，而是一位親密的朋友，使她可以傾訴煩惱和鬱悶。而我過去卻從來沒有聽她說過她自己的事。我在該傾聽的時候，卻只顧說我自己的。

「從那次交談以後，我總是讓她暢所欲言。我和她成了好朋友，她告訴了我她的心事，我們的關係大大改善。她也再次成為一個願意合作的孩子。」

最近，紐約《先鋒導報》的經濟版中刊登了一幅巨大的廣告，聘請一位有特殊能力和經驗的人。查理斯．科勃立斯應徵了，他將應徵資料寄給了某個信箱。幾天以後，他接到了回信，約他面談。

在他去面談以前，他在華爾街花了許多時間打聽那個公司老闆的有關情況。

面談的時候，他說：「如果能在你這家有著不凡經歷的公司做事，我將十分自豪。我聽說你在廿八年前開始創建這家公司時，什麼也沒有，除了一張桌子、一間辦公室、一位速記員。那是真的嗎？」

差不多每個成功的人，都喜歡回憶他早年的創業奮鬥史。這個老闆也不例外。他談了許久，例如他如何依靠四百五十美元現金及富有創意的想法開始創業。

他還講了他如何與失望、譏笑作抗爭，如何在星期日及節日照常工作，每天工作十二至十六小時，以及他最後如何戰勝厄運。現在，華爾街的一些要人都到他這裏來求教，他對自己的過去很感自豪。他有這種自豪的權利，並且很高興地講述這些事。

最後，他簡單地問了科勃立斯的經驗，然後把一位副經理叫進來，並說：「我想這就是我們正在尋找的人。」

科勃立斯先生曾費了許多時間去調查他未來老闆的成就，而且對對方的問題表示了明顯的興趣。他鼓勵對方多說話，因此給對方留下了很好的印象，也給自己帶來了成功。

事情就是這樣——**即使是我們的朋友，他們也寧願我們只談論他們的成就，而不願意聽我們誇耀自己的過去。**

法國哲學家羅西法考說：「如果你想結下仇人，那你就要比你的朋友表現得更加出色；但如果你想要得到朋友，那就要讓你的朋友表現得比你更出色。」

◆我們應該謙虛，因為你我都沒有什麼了不起的。你我終將死去，在百年之後被人忘得一乾二淨。生命何其短暫，我們不應對自己那小小的成就念念不忘，使人厭煩。相反，我們要鼓勵別人表現自己。

4 從對方的觀點看問題

戴爾・卡內基智慧金言

・要試著以別人的觀點看問題，努力去瞭解別人，你就能創造生活的奇蹟，獲得友誼，減少衝突和挫折

・對方為什麼會有那樣的思想和行為，其中自有一定的原因。探尋出其中隱藏的原因來，你便得到了瞭解他人行動或人格的鑰匙

人生在世，與人來往是免不了的。不過，在你與人交往時，不要把對方及自己都

不在意的錯誤牢記在心，也不要指責別人，只有傻子才會那樣做，儘量瞭解別人才是真正的明智大度、超凡不俗。

對方之所以會那樣思考，會那樣行動，自然有他的理由。如果你能找出那個隱藏著的原因，你就找到瞭解他們的行爲和人格的鑰匙。

試著使你自己真誠地站在別人的立場來思考問題吧。假如你對自己說：「如果我處在他的情況下，我將有什麼感受，會作出什麼反應？」那麼你就可省去許多時間與不必要的煩惱，因爲如果對原因發生興趣，我們就不會厭惡結果。而且除此之外，還可以大大增加你的爲人處世的技巧。

「暫停一分鐘。」肯尼斯．古德在他的作品《如何使人變得高貴》中說：「暫停一分鐘，將你對自己事情的濃厚興趣，和你對別的事的漠不關心作一比較。然後你就會明白，世界上任何其他人也都是同樣的態度。以後，你就能像林肯、羅斯福一樣，把握住任何工作的基礎和機會。換句話說，爲人處世之成功與否，全在於你能否以同情之心接受別人的觀點。」

薩姆．道格拉斯住在紐約州漢普斯特市，他以前總是數落他的妻子，說她在修整家中的草地、拔雜草、施肥和剪花草方面浪費了太多的時間。

他批評她每個星期這樣做兩遍，可是草地看上去並不比四年前更好看。

道格拉斯這種話當然讓他妻子十分不高興，因此每當他這樣批評時，那個晚上家中就會籠罩著一層烏雲。

在參加了我的輔導班之後，道格拉斯先生認識到了他這些年來犯的大錯。他從來都沒有想過，她在修整草地時也會從中獲得快樂，她熱切地渴望由此而得到誇獎。

一天晚上，吃完晚飯之後，他的妻子說要去除雜草，並想道格拉斯陪她去。道格拉斯先是沒有答應，但過後他想了一下，就走出去幫她拔草。她顯得非常興奮，兩個人度過了一個愉快的晚上。

從那以後，道格拉斯經常陪妻子修整草坪，並誇獎妻子，說她把草坪修整得很好看，結果他們都從中獲得了快樂，因為他學會了從妻子的觀點來看事情。

吉拉德．利奧德在他的作品《深入他人之心》中評論說：「當你認爲別人的觀念、感覺與你自己的觀念和感覺同等重要，並向對方表示這一點時，你和別人的交談才會輕鬆愉快。在談話開始的時候，要儘量使對方提出這次談話的目的或方向。如果你是個聽者，你就要克制自己不要隨意說話。**你接受他的觀點，將會使他大受鼓舞。從而與你開懷暢談，並接受你的觀念。**」

多年以來，卡內基常在離家不遠的公園裏散步、騎馬，以此作爲他自己主要的消遣。和古代高盧人的傳教士一樣，他很喜歡橡樹，所以每當他看見小樹苗和灌木被火災毀滅時，就非常痛心。這些火災並不是由粗心的吸菸者造成的，它們大都是那些到公園中來過野外生活，而在樹下做飯燒烤的兒童引發的。有時這些火燒得太大，不得不出動消防隊。

最初，卡內基根本不想瞭解兒童的觀點。當他看見樹下起火時，便非常不高興，他總是騎馬過去，向這些兒童們警告，說這樣會引起火災並會被拘禁。他還用權威的口氣，命令他們把火撲滅，如果他們拒絕，他便威脅要將他們抓起來。當時他只顧發洩他的怒氣，全然不理會他們的想法。

結果呢？這些兒童雖然表面上遵從了，但心中的厭恨卻更大。在卡內基騎馬跑過山後，他們很可能又重新生火，並想把整個公園燒光。

許多年過去以後，卡內基領悟了，說：

「我不再下命令了，我會騎馬來到火前，然後這樣告訴他們：『孩子們，玩得高興嗎？你們在做什麼晚餐？……當我還是個孩子時，我也喜歡生火——我至今還很喜歡。但你們知道，在公園中生火是非常危險的。我知道你們這些孩子會很小心謹慎的，但別的孩子可不像你們這樣小心。他們走過來見你們生了火，於是他們也點起火來，回家的時候也忘了撲滅，結果火在公園中蔓延，燒毀了樹木。如果我們不再加小心些，這兒的樹就會被燒得精光了。因此，生了這堆火，你們可能會被捕入獄。但我不想囉嗦，也不希望干涉你們，掃你們的興。我喜歡看到你們快樂地生活，但請你們立刻將旁邊的枯樹葉撥得離火遠些，好不好？在你們離開以前，你們要小心地多用些泥土把火蓋起來，好不好？那就不會有危險了……多謝了，孩子們。祝你們快樂。』」

這種說法有了很好的效果，兒童們非常合作，他們沒有怨恨，也不再反感。

卡內基就想，孩子們之所以願意與他配合，是因爲他們並沒有被強制服從什麼命令，他們保住了面子，他們覺得能夠接受，這就是他先考慮了他們的想法，再來處置這事情的好處。

當個人的問題顯得更加急迫的時候，如果能以別人的觀點來看問題，那麼也能在一定程度上緩解緊張的氣氛。

伊莉莎白·諾瓦克已有六個星期沒有支付分期購車的錢款，這使她遇到了一些麻煩。

「在某個星期五，」伊莉莎白說，「一位負責分期付款購車的男人給我打來電話，很不禮貌地告訴我，如果我在下週一早晨還不繳付一百二十二美元的話，他們公司將採取進一步措施。由於到了周末，我自然籌措不到這筆錢。因此，到了星期一時，我一大早就接到了那個男人氣沖沖的電話。

不過我並沒有對他發火，我是從他的立場來看這件事的。我首先真誠地向他道歉給他帶來了這麼大的麻煩，而且我已經不是頭一次逾期未付款，因此我一定很讓他為難。

聽了這些話，他的語氣立即緩和下來，並說我根本不是令他頭疼的顧客。他還舉了好幾個例子，說有些人更不講理，不僅信口胡說，還躲著不見他。

「我沒有說更多的話，就讓他說出了心中的不愉快。然後，根本不需我請求，他就說，即使我不能立刻繳付欠款也問題不大；還說如果月底之前我能先繳付二十美元，然後在手頭方便時付清餘額，一切都好說。」

所以，凡事先停一下，從對方的角度將整個事情想一想，問問你自己：「他爲什麼要這樣做？」當然，那要費許多時間，但那能使你贏得朋友，培養情誼，並且減少摩擦，少惹麻煩。

「在與人會談以前，我情願在那人辦公室外的走道上多走兩小時，」哈佛大學商學院院長唐哈姆說，「而不願貿然走進他的辦公室，如果我對於我所要說的，以及他——根據我對他的興趣及動機的認識來推斷——可能會作出什麼答覆都沒有很清晰的認識的話。」

這些話非常重要。

◆如果你讀完這本書後，只學到一件事——經常培養自己從對方的角度去思考，能從他人的立場出發，如同從你自己的立場出發一樣，就足以為你的生活道路打開新的一頁。

第二章
提高自己的交往能力

1 不要隨意批評和責怪別人

戴爾・卡內基智慧金言

- 批評是根危險的導火線——一種足以使人的自尊爆炸的導火線，這種爆炸有時會導致人的死亡
- 任何傻子都會批評，指責和抱怨，而且大多數愚蠢者也是這樣做的
- 因批評而引起的羞忿，常常使對方的情緒大為低落，並且對應該矯正的狀況，一點好處也沒有

一八四二年秋天，林肯在《斯普林菲爾德時報》發表了一封匿名信，譏諷一位自高自大的愛爾蘭人詹姆斯・謝爾茲。

這封信令所有讀過它的人都捧腹大笑。

謝爾茲是個十分敏感而又自負的人，他得知後惱怒萬分。他一查出是誰寫的這封信之後，就立即跳上馬去找林肯，提出要和他決鬥。

林肯不想打架，更反對決鬥，但為了保全面子，他也只有接受決鬥的要求。謝爾茲讓林肯隨便選擇武器，由於他雙臂較長，就選擇了騎兵用的長劍，並向西點軍校一位畢業生學劍術。

決鬥那天，林肯和謝爾茲在密西西比的一個沙灘上對峙，準備決戰至死。但就在決鬥即將開始的最後一分鐘，在同伴的勸說下，他們停止了這場「戰爭」。

這恐怕是林肯人生當中最爲難堪的一件事了。這件事讓他在爲人處世方面上了寶貴的一課。從此以後，他再也沒有寫過任何侮辱他人的信，也不再譏笑別人了，更不再爲任何事而批評別人。

在美國內戰的時候，林肯屢屢委派新的將領統帥北方軍隊作戰，但他們——麥克里蘭、波普、伯恩基、胡格、格蘭特——全都相繼慘敗。這使得林肯異常愁悶，失望地來回走動。

全國有一半的人都在痛罵這些不中用的將軍們，但林肯卻始終一聲不吭，不作任何表態。他最喜歡引用的一句格言是：**「不要議論別人，別人才不會議論你。」**

當林肯的夫人和其他人都在非議南方佬時，林肯回答道：「不要批評他們，如果我處在他們同樣的情況下，也會跟他們一樣的。」可是如果說誰有資格批評的話，這個人肯定是林肯了。

有這樣一件事：

蓋茨堡戰役發生在一八六三年七月的頭三天。到七月四日晚，南方的李將軍開始向南撤退。當時烏雲籠罩，大雨傾盆而下。當李將軍率領敗軍之師退到波多梅克時，一條大河攔住了去路，難以通行，在他身後的，則是乘勝追擊的北方軍隊。

李將軍他們已經被圍困了，無路可逃。林肯看到這正是天賜良機，可以捕獲李將軍和南方軍隊，於是滿懷希望地命令格蘭特將軍，不必召開軍事會議，而是立即進攻李將軍。林肯用電報下命令，又派出特使，要求格蘭特立即行動。

而格蘭特將軍又是怎麼做的呢？他所做的與林肯的命令恰恰相反。他違背了林肯的命令，召開了一次軍事會議。他一再拖延，猶豫不決。他還給林肯打電話，以各種藉口來解釋。他甚至一口回絕了進攻李將軍。最後，當河水退卻時，李將軍和他的軍隊從波多梅克逃走了。

林肯異常惱怒。

「這是什麼意思？」林肯朝他的兒子羅伯特大聲叫嚷道，「天啊！敵軍已落入我們手掌心，我們只需一伸手，他們就會完蛋了！但我不論說什麼，或做什麼，卻不能讓我們的軍隊前進一步。在這種形勢下，幾乎任何一位將軍都能擊敗李將軍。如果我在那裏，我自己就可以消滅他！」

在失望和痛苦之餘，林肯坐下來給格蘭特將軍寫了封信。

「我親愛的將軍：我想你肯定體會不到李將軍的逃脫所帶來的嚴重不幸。本來他已經處於我們的絕對掌控之中，如果抓住了他，再加上最近我們其他方面的勝利，戰爭就可以結束了。可是現在的結果呢，戰爭恐怕會無限期地延長下去。假如你不能在上周一成功地擊敗李將軍，你又怎麼能在渡河之後進攻他？因為那時你手中的兵力可能不到現在的三分之二。現在我已不再對你抱有成功的希望；即使抱有希望，那也是不合情理的。你已經失去了大好時機，為此我深感痛惜。」

你猜猜格蘭特將軍讀了這封信後，會是什麼反應？

結果格蘭特將軍一直沒有看到這封信，因爲林肯並沒有將它寄出去。這封信是在林肯遇刺身亡後，從他的文件中找到的。

卡內基讀了這個故事後說：

「猜想——這僅僅是我的個人猜想——林肯在寫完這封信後，站在窗口向外遠望，然後自言自語道：『等等，也許我不該這麼著急。我坐在這寧靜的白宮中，命令格蘭特進攻是件很容易的事；但我當時如果到了蓋茨堡，如果我也和格蘭特一樣見過遍地鮮血，如果我的耳邊也聽到了傷兵的哀號和呻吟，也許我就不會急著進攻了。如果我的性格和格蘭特一樣柔弱，我的做法可能會與他相同。無論如何，現在生米已經煮成熟飯了，如果我寄出這封信，固然可以發洩我的不快，但格蘭特不會爲自己辯護嗎？他甚至會反過來斥責我，或產生厭惡心理，損害他的軍隊統帥的威信，甚至會使他乾脆辭職不幹了。』」

於是，就像卡內基上面猜想的那樣，林肯將信放在一邊，因爲他已從痛苦的經驗中體會到：**尖刻的批評和斥責幾乎永遠起不了任何作用**。

在與人相處時，一定要切記：與我們交往的，不是只有按道理或邏輯生活的人，而是充滿了感情的，帶有偏見、傲慢和虛榮的人。

而批評是根危險的導火線——一種足以使人的自尊爆炸的導火線，這種爆炸有時會導致人的死亡。胡德爾大將曾因受到別人的批評，又沒有被批准率領軍隊去法國，自尊心受到極大打擊，幾乎因此丟掉了性命。

刻薄的批評，曾使得英國大文學家湯姆斯・哈代永遠放棄了小說創作；批評還促使英國詩人湯姆斯・卡德登自殺。

班傑明・富蘭克林青年時期並不是很聰明伶俐，但後來卻變得非常精明能幹，結果被委任爲美國駐法大使。他成功的秘訣就是「我不願意說任何人的壞話，」他說，「……我只說我所認識的每一個人的一切優點。」

任何傻子都會批評、指責和抱怨，而且大多數愚蠢者也正是這樣做的。**要瞭解和寬容別人，就要有良好的品德和自我克制**。

鮑伯・胡佛是一位著名的飛行員，常常在各種航空展覽中作飛行表演。

有一天，他在聖地牙哥航空展中表演完飛行後，朝洛杉磯飛回。正如《飛行》雜誌所描述的那樣，當飛機飛到三百呎的高度時，兩具引擎突然熄滅了。幸虧胡佛的技術嫻熟，他駕駛飛機著了陸，雖然飛機受到嚴重毀壞，所幸的是人沒有受到任何傷害。

胡佛在飛機迫降之後所做的第一件事，就是檢查飛機的燃料。結果正如他所預料的那樣，他所駕駛的這架二戰時期的螺旋槳飛機裏面裝的，竟然是噴氣機燃油，而不是汽油。

胡佛回機場後，要求見那位為他做飛機保養的機械師。此時這位年輕的機械師還在為他所犯的錯誤而難過不已呢。當胡佛向他走去的時候，他淚流滿面——他使一架昂貴的飛機受到了損壞，還差點要了三個人的性命。

你也許以為胡佛一定會勃然大怒，並猜想這位榮譽心極強、凡事都要求精細的著名飛行員一定會痛斥這位機械師的粗心大意。然而，胡佛並沒有責罵他，甚至連一句批評的話都沒有說。相反，他伸出雙手，抱住這位機械師的肩膀，說道：「為了表明我相信你不會再犯錯誤，我要你明天再給我的F51飛機做保養。」

◆詹森博士說：「要知道，即使是上帝，如果不到世界末日，祂也不會輕易審判世人。」為什麼你我都要批評別人呢？現實一點吧！只要你放棄批評，一切都會變得更美好。

2 做個善於傾聽、誠於嘉許的人

戴爾・卡內基智慧金言

- 傾聽是對他人的最高讚賞
- 成功的交往，並沒有什麼神秘的——沒有別的東西會比這更使人開心的
- 如果你希望成為一個善於談話的人，那就先做一個善於傾聽的人

卡內基曾應邀參加一次橋牌聚會。他自己不會打橋牌，恰好有一位美麗的女士也不會打橋牌。她知道卡內基在湯姆森先生從事無線電這個行

業之前，曾經擔任過他的私人助理。當時，湯姆森到歐洲各地去旅行，由卡內基來替他做即將播出的生動的旅行演講。所以她說，「啊！卡內基先生，你能不能將你所見過的名勝古蹟告訴我？」

當他們在沙發上坐下的時候，她說她同她丈夫最近剛從非洲旅行回來。

「非洲，」卡內基說，「這可是一個非常有趣的地方！我總想去看看非洲，但我除了在阿爾及利亞待過廿四小時外，沒有到過其他任何地方。告訴我，你是否到過野獸出沒的國度？是嗎？你可真是幸運極了！我可真是太羨慕你了！請你告訴我關於非洲的情形吧！」

結果，那次談話持續了四十五分鐘。那位女士不再問卡內基到過什麼地方，也不再問他看見過什麼東西了。

這位女士並不是真的想聽卡內基談論他的旅行，她所想要的不過是一個認真的傾聽者，她可以借此機會來講她所到過的地方，以擴大她的自我感。

上面這位女士的做法並不是唯一的，許多人都是這樣的。

卡內基講了他經歷過的一件事：

卡內基在紐約著名的出版商格利伯的宴會上遇到了一位著名的植物學家。

卡內基以前從來沒有和他交談過，卡內基覺得他具有極強的誘惑力。

卡內基坐在椅子上，靜靜地聽他介紹大麻、大植物學家波爾本以及室內花園等。

植物學家還告訴卡內基許多關於馬鈴薯的驚人的事實。由於卡內基自己有一個室內小花園，他經常會遇到一些問題，因此植物學家非常熱情地告訴卡內基如何解決問題。

在宴會中，當然在座的還有十幾位其他的客人，但卡內基違反了所有的禮節規矩，沒有注意到其他人，而與這位植物學家談了好幾個小時。

到了深夜。當卡內基向眾人告辭的時候，這位植物學家這時轉身面對主人，對卡內基大加讚揚，說卡內基是「最富激勵性的人」，卡內基是一個「最有意思的談話家」。

卡內基感到奇怪：「一個有意思的談話家？就是我？可是，在這次交談中，我幾乎沒有說什麼話。如果我不改變話題的話，即使讓我來說，我也說不出什麼來，因爲我對於植物學所瞭解的知識，就像對企鵝的解剖學一樣全然無知。但是請注意，我在認真地傾聽他的談話。我專注地傾聽著，因爲我真的有了興趣。當然，他也察覺到了這一點，這顯然讓他很高興。」

可見，傾聽是我們對任何人的一種最高的讚賞。

伍德福德在他的《相愛的人》中寫道，**「很少有人能拒絕那種隱藏於專心傾聽中的讚賞。」**而卡內基卻比專心致志還要更進一步。卡內基這是「誠於嘉許，寬於稱道」。

卡內基告訴這位植物學家，他已經得到了極其周到的款待和指導——他確實感到如此。卡內基告訴他，自己真的希望能有他的知識。卡內基還告訴他，希望和他一起去田野中漫遊。

就因爲這樣，使這位植物學家認爲卡內基是一個善於談話的人。可是說實話，卡內基不過是一個善於傾聽的人，並鼓勵他談話而已。

成功交談的秘訣，即「神秘的秘訣」是什麼呢？

根據伊利亞的觀點——這是一位非常務實的學者，那就是「專心致志地傾聽正在和你講話的人說話，這是最爲重要的。成功的交往，並沒有什麼神秘的——沒有別的東西會比這更使人開心的。」

◆與人談話，如果能專心致志地傾聽，不但可以使人心花怒放，談興更濃，而且可以表現自己的風采，贏得友誼。做個善於傾聽的人吧。

3 反駁激化矛盾，贊同化解危機

戴爾・卡內基智慧金言

- 喜歡挑剔的人，甚至那種最激烈的批評者，也常常會在一個具有忍耐心和同情心的傾聽者面前，變得軟化起來
- 十次有九次，反駁只能使對方更堅持己見

有的商人租用豪華的店面做生意，櫥窗的設計也很到位，頗能打動人心，他們還不惜投入鉅資做廣告，可是他們雇用的卻是那些不知道做傾聽者的服務員——這些服務員甚至會打斷顧客的談話，反駁他們的觀點，激怒他們，有的甚至還會將顧客趕出店去。

卡內基的訓練班上有個學員叫沃爾頓。

沃爾頓在新澤西州靠近大海的紐華克市的一家百貨公司裏買了一套西服。可是他穿上這套西服之後卻非常的失望，因為上衣褪色，把他的襯衫領子都弄黑了。

於是，沃爾頓將這套衣服帶回百貨公司，找到賣西服給他的售貨員，告訴他有關的情況。可是他還沒有說完，就被打斷了。

「這種衣服我們已經賣出了好幾千套。」這位售貨員反駁說，「這還是第一次有人來挑毛病。」

這是他所說的話，而他說話的聲調聽起來比這更讓人難以接受。他那充滿火藥味的聲音好像在說：「你說謊。你想欺負我們，是不是？好，我要給你點顏色看看。」

正在兩個人吵得不可開交的時候，另一個售貨員又加入進來。

「所有的黑色衣服起初都會褪色的，」他說，「那是很自然的事。就這種價格的衣服，不可能不那樣。那是顏料的關係。」

「到這時候，我再也不能忍受了，頓時火起。」沃爾頓講述他的經過說，「第一個售貨員懷疑我的誠實；而第二個卻暗示我買了一件劣質貨。我當時就惱火了。我正要罵他們時，售貨部的經理走了過來。

顯然，他很懂得他的職務的重要性，是他完全改變了我的態度，使我由一個怒惱的顧客變成了一位滿意的顧客。

「他又是怎麼做的呢？首先，他靜靜地聽我從頭至尾講了一遍經過，沒有插一句話。然後，當我說完的時候，那兩個售貨員又想說他們的意見，但是這位經理站在我的立場，與他們辯論。他不僅指出我的領子顯然是被西服弄髒的，並且堅持說不能讓顧客滿意的商品，他們商店就不應該出售。最後，他承認他不知道會這樣的原因，並坦率地對我說：『你希望我如何處理這套衣服？你說什麼我們都可以照辦。』

「幾分鐘以前，我還想著讓他們將那套可惡的衣服留給他們自己，但我現在回答說：『我只想聽聽你的意見。我想知道這種情況是否是暫時的，或者還有沒有什麼辦法可以解決。』

「於是，他建議我將這套衣服再穿一個星期試試。他說：『如果到那時候你仍不滿意的話，我們一定會給你拿一套你滿意的。這樣讓你麻煩，我們感到非常抱歉。』

「我滿意地走出了這家商店。一星期後，這衣服再也沒有什麼毛病，我對那家商店的信任也完全恢復了。」

卡內基想，那位管理員之所以能當上售貨部經理，自有其道理。至於他的兩位下屬員工，就讓他們見鬼去吧——卡內基認爲他們應該終身停留在店員的地位。最好是讓他們待在包裝部，永遠也不與顧客打交道。

喜歡挑剔的人，甚至那種最激烈的批評者。也常常會在一個具有忍耐心和同情心的傾聽者面前，變得軟化起來——當怒火萬丈的尋釁者像一條大毒蛇張嘴咬人的時候，這位傾聽者應當保持緘默，只是認真地傾聽。

紐約電話公司在幾年前不得想辦法去安撫一位曾凶言惡語咒罵接線員的顧客。他那可是真的咒罵。他簡直有些歇斯底里，甚至威嚇要毀掉電話線路。他認為那是不合理的，因而不僅拒絕支付某些費用，還寫信給各家報紙，還多次向公眾服務委員會投訴，並好幾次向法院起訴這家電話公司。

最後，電話公司派了一位經驗最豐富的調解員去見這位喜歡找麻煩的顧客。這位調解員到了這位顧客家中之後，沒有說任何話，只是靜靜地聽他說話，不斷說「是」，並同情他的冤屈。

「他繼續毫無顧忌地說他的話。我靜靜地聽了將近三個小時，」這位調解員在我的訓練班上敘述他的經歷時說。

「以後我又多次去他那裏，並再次靜靜地聽他訴說。我總共見過他四次，而在第四次訪問即將結束之前，我已經成為他正在創辦的一個組織的主要會員了。他將這個組織稱為『電話用戶權益保障協會』。我現在仍然是這個組織的會員。然而，除了這位老先生之外，就我所知，我是這個組織在這個世界上唯一的會員。

「在這幾次拜訪中，我始終都是傾聽他談話，並且贊同他所談的任何一件事。他從來沒有遇到過電話公司的人像我這樣和他談話，這使得他變得幾乎友善起來。

「我在第一次訪問他時，並沒有提到見他的目的，在第二次、第三次，我也沒有提到我的目的。但在第四次，我使這個案件有了完美的結局——老先生將所有的欠費都付清了，並使他自從與電話公司作對以來，第一次撤銷了他向公眾服務委員會的投訴。」

顯然，這位老先生自認爲是在爲公益而戰，是在保障公眾的權利不被無情地剝奪。但他實際上是在追求一種自尊感。他先是通過挑剔和抱怨，來得到這種自尊感。但是，當他從電話公司的代表那裏得到了自重感時，他那所有並不真實的冤屈立即化爲烏有。

◆小小的贊同有時能帶來意想不到的效果，甚至化解一次危機。從現在開始，你不妨放棄挑剔，善用贊同。

4 不要做令人厭惡的人

戴爾・卡內基智慧金言

- 如果你想知道如何讓別人躲避你，在背後譏笑你，甚至輕視你，這裏就有一個好方法，那就是永遠不要傾聽別人談話，而是只顧不斷地談論你自己
- 千萬不要忘記，那個正與你談話的人，只會對他自己、他的需要最感興趣，這要比對你及你的問題勝過上百倍

如果你想知道如何讓別人躲避你，在背後譏笑你，甚至輕視你，我這裏就有一個好方法，那就是永遠不要傾聽別人談話，而是只顧不斷地談論你自己；如果你在別人

談話過程中有了一個想法，大可不必等他說完，你只要立即插嘴說你自己的事情，立即就可以讓他住口。

你認識這種人嗎？不幸得很，卡內基認識這樣一些人，但最讓人感到奇怪的是，有些這樣的人還是社交界的知名人士。

他們正是那種令人厭惡的人——被他們的自私及他們的自負感所麻醉了的令人厭惡的人。

一心只談自己的人，只會爲自己著想。而「只爲自己著想的人」，哥倫比亞大學校長巴德勒博士說，「是無可救藥的，也是不可教育的。」「他是沒有教養的人，」巴德勒博士說，「無論他接受過什麼樣的教育。」

所以，**如果你希望自己成為一個善於談話的人。首先就要做一個善於傾聽別人的人**。這正如李夫人所說的：「要使別人對你感興趣，首先就要對別人感興趣。」要做到這一點其實並不難，你不妨問問別人一些他們喜歡回答的問題，鼓勵他們開口談，說說他們自己以及他們所取得的成就。

千萬不要忘記，那個正在與你談話的人，只會對他自己、他的需要、他的問題最感興趣，這要比對你及你的問題勝過上百倍。因此，在你下次開始談話的時候，請不要忘了這一點。

◆在與人交往時，一旦你與人交惡。就很難取得他人的信任，要想爭取他人合作也難上加難，所以千萬不要做令人厭惡的人。

5 永遠不要與別人正面衝突

戴爾·卡內基智慧金言

- 你贏不了爭論。要是你輸了，你當然也就輸了；如果你贏了，可你還是輸了。因為人的內心不會因為爭論而有所改變
- 天下只有一種方法能得到辯論的最大利益——那就是避免辯論

在第二次世界大戰剛結束不久的一個晚上，卡內基在倫敦擔任羅斯·史密斯爵士的私人經紀人。在戰爭時期，史密斯爵士曾擔任澳大利亞空軍飛行員。而在歐洲戰場取得勝利，宣布和平不久之後，他因為在三十天之

內飛行了半個世界而轟動了全世界。

自有史以來，還從來沒有過如此驚人的壯舉，那可真是一件轟動一時的大事。澳大利亞政府獎勵他五千美元，英國國王封他為爵士，一時間，他成了英國境內最受關注的人。

有一天晚上，卡內基參加了歡迎羅斯．史密斯爵士的宴會。

席間，有一位坐在卡內基旁邊的先生講了一個幽默的故事，這故事正好應驗了這樣一句格言：「謀事在人，成事在天。」

這位講故事的先生提到這句話出自《聖經》，但他錯了，卡內基敢肯定，這一點毫無疑問。

於是，為了顯示自己的優越，卡內基想糾正他。他堅持他的說法：「什麼？出自莎士比亞？不可能！絕對不可能！那句話確實出自《聖經》。」

他非常的自信。

這位講故事的先生坐在卡內基的右邊，而他的一位老朋友加蒙先生則坐在卡內基的左邊——加蒙先生潛心研究莎士比亞的著作已有多年了。所以，這位講故事的先生和卡內基同意請加蒙先生來作裁判。

加蒙先生靜靜地聽著，但暗中用腳在桌下踢卡內基，然後說道：「戴爾，你錯了。這位先生是對的。那句話確實出自《聖經》。」

那個晚上回家的時候，卡內基對加蒙先生說：「老實說，你明明知道那句話是出自莎士比亞。」

「是的，當然，」他回答說，「是在《哈姆雷特》第五幕的第二場。但是親愛的戴爾，我們只不過是參加一次盛會的客人，為什麼非要證明一個人是錯的呢？那樣做難道就能使他喜歡你嗎？為什麼不給他留點面子呢？他並沒有徵求你的意見，而且也不需要你的意見。你為什麼要和他爭辯呢？應該永遠都不要和別人正面衝突。」

「永遠都不要和別人正面衝突。」說這句話的先生現在早已經長眠於地下了，但他給卡內基的教訓卻難以磨滅。

卡內基說：「這個教訓對我來說極其重要，因爲我向來是一個非常固執的辯論者。在我的少年時期，我曾與我的哥哥就天下所有的事發生過爭論。上了大學以後，我又選修了邏輯學和辯論術，並參加了許多辯論賽。後來我又曾在紐約教授演講與辯論課，不好意思的是，我還曾打算寫一本辯論方面的書。從那時起，我曾聽過、看過、評論過、參加過好幾千次辯論賽，並注意它們的影響。通過這些活動，我得出一個結論：**天底下只有一種能贏得辯論的方法——那就是避免辯論，就像避免毒蛇和地震一樣。**」

十之八九，辯論的結果只會使辯論的雙方都比以前更加堅信自己是絕對正確的。你贏不了爭論。要是輸了，當然你也就輸了；但是即使你勝了，你還是失敗的。爲什麼？如果你勝了對方，把他駁得體無完膚或千瘡百孔，證明他毫無是處，可是那又能怎樣？你也許會覺得很得意。但是他呢？你只會讓他覺得受到了羞辱。既然你傷了他的自尊心，他自然會怨恨你的勝利，而且「一個人即使口頭認輸，但心裏根本不服。」

多年以前，有一位爭強好勝的愛爾蘭人哈里先生參加了卡內基的輔導班。他受過的教育雖然很少，但卻非常喜歡與人爭論！

他曾給別人當過汽車司機。

後來，他改行推銷載重汽車，但是並不怎麼成功，便到我這裏來求助。

卡內基稍微詢問了他幾句，就可看出，他總是同他的顧客爭辯，並冒犯他們。假如有某位買主對他推銷的汽車有所挑剔，他就會怒火難耐，和對方大聲強辯，直到把對方駁得啞口無言。

那時他的確贏過不少次爭論。後來他對卡內基說：「每當我走出人家的辦公室時，總對自己說：『我總算把那傢伙教訓了一次。』我的確教訓了他，可是我什麼也沒有推銷出去。」

因此，卡內基的第一個難題不只是教哈里如何與人交談，而是訓練他如何克制自己不要講話，避免與人發生爭執。

現在，哈里先生已經是紐約懷特汽車公司的明星推銷員了。他是怎麼取得成功的呢？

下面是他自己敘述的經過：

「假如我現在走進一個顧客的辦公室，而他卻說：『什麼？懷特汽車？它們可不怎麼樣！你白白送給我，我都不要。我只買某某牌的汽車。』我會說：『請聽我講，老兄，那種汽車的確很不錯，你買那種汽車絕對錯不了。那家公司的汽車品質可靠，而且推銷員也很優秀。』於是，他就無話可說了。他沒有和我爭辯的餘地了。

「如果他說某某牌的汽車最好，我說確實不錯。那麼他就只好住嘴不說了。既然我同意了他的看法，他當然也就不能整個下午不停地說『某某牌的汽車最好』了。於是，我們不再談某某牌的汽車，我開始向他介紹懷特汽車的優點。

「我若是在當年聽到他那樣的話，一定會大發脾氣。我會立即和他吵起來，挑剔某某牌汽車。而我越是挑剔貶低它，我的顧客則會越賣力地辯護；他越這樣辯護，就越堅信和喜歡我的競爭對手的產品。

「現在回想起來，我把自己一生中的許多時間都耗費在與別人抬槓上了。現在我緘口克己，很是有效。」

正如睿智的班傑明．富蘭克林常說的：

「如果你爭強好勝，喜歡與人爭執，以反駁他人爲樂趣，或許能贏得一時的勝利，但這種勝利毫無意義和價值，因爲你永遠得不到對方的好感。」

所以，你自己應該仔細考慮好：你寧願要一個毫無實質意義的、表面上的勝利？還是希望得到一個人的好感?你不能兩者兼得。

一位名叫巴森的所得稅顧問，因為一項九千美元的賬目發生了問題。

而與政府一位稅收稽查員爭論了一個小時。

巴森先生認為這九千美元實際上是應收賬款中的一筆呆賬，永遠不會收回來，所以不應該徵稅。

「呆賬？胡說！」那位稽查員反駁說，「這稅非徵不可。」

「這位稽查員非常的冷漠、傲慢，而且很固執，」巴森先生在我班上講述經過時說，「無論我如何與他講道理，還是說事實，都沒有作用……我們越是辯論，他越是固執。所以，我決定不再和他辯論，而是改變話題，給他說些讚賞的動聽話。

「我說，『與你所要處理的其他重要而困難的事相比，我這件事簡直微不足道。我也曾研究過稅務問題，但那只不過是書本上的死知識。而你的經驗和知識全都來自業務實踐。有時我真希望能有一份你這樣的工作。這種工作可以使我學到許多東西。請相信我的每句話都出自真心實意。』我說得非常認真。

「於是，那位稅務稽查員在椅子上伸了伸腰，向椅背上一靠，開始興奮地講起他的工作來。他告訴我，他發現過許多在稅務上巧妙舞弊的花招。他的口氣逐漸變得友善起來；接著他又談起他的孩子來。臨走時，他告訴我說，他會再考慮考慮我的問題，並在幾天之內給我結果。

「三天之後，他來我的辦公室，告訴我說，他已經決定不徵收那九千美元的稅了。」

這位稅務稽查員正表現出了一種人類最常見的弱點，他需要一種自重感；巴森先生越是和他辯論，他就越努力地強調他職務上的權威，以獲得他的自重感。一旦巴森先生承認了他的權威，辯論立即偃旗息鼓。自重感得到了滿足，他也就變成一個富有同情心的、和善的人。

佛祖釋迦牟尼說：「恨不止恨，唯愛能止。」誤會永遠不能靠爭辯來消除，只有靠技巧、調解、寬容，以及用同情的眼光來看待對方的觀點。

在一本叫《點點滴滴》的書中，有一篇文章介紹了如何提高個人交往能力的建議，我們不妨遵而循之：

(1) 歡迎不同的意見

應該記住這句話：「當兩個合作者之間總是意見分歧時，其中一人就不再需要了。」如果有些問題你沒有想到，而有人向你提出來了，你就應該向他表示衷心的感謝。不同的意見是使你避免犯大錯的最好機會。

（2）不要相信你的直覺

當有人提出不同意見時，你的第一反應，也是自然反應，就是進行自衛。但是你一定要小心謹慎。你要保持一種平常之心，並且警惕你的直覺反應。因爲這種直覺可能是你最致命的錯誤，而不是最好的決策。

（3）自我克制

記住，你可以根據一個人在什麼情況下會發脾氣，來推測這個人的氣量和成就將有多大。能夠自我克制的人，永遠會比那些動不動就發脾氣的人更有成就。

（4）傾聽別人的意見

「你應該把機會給你的反對者，使他可以直接與你交談。你應讓他把話說完，不要抵制、不再自衛或爭執，否則只會加深矛盾和分歧，增加溝通的障礙。你努力建立瞭解的橋梁，而不是再加深誤解。

（5）尋找共同之處

當你聽完了反對者的意見之後，應該先想想哪些意見是你可以同意的。

（6）待人以誠

不要害怕承認錯誤，而要坦誠地說出來。就你的錯誤向人道歉，這樣有助於解除反對者的武裝，減少他們的防衛。

(7)認真考慮反對者的意見

這種行動要發自內心。你的反對者所提的意見有可能是對的，這時認真考慮他們的意見無疑是明智之舉。如果等到對方這樣說：「我早就告訴你這件事了，可你就是聽不進去！」那時你可就無地自容了。

(8)感謝反對者的關心

任何人只要願意花時間來表達他的不同意見，就一定是和你一樣關心同一件事情的。如果你把他們這種不同意見當成是對你的幫助，把反對者看成你的幫助者，那你也許會將反對者變成你的朋友。

(9)三思而後行

建議你在當天稍晚些時間，或次日再開會討論，好讓大家都有時間把問題考慮清楚和周到。

在準備下次開會的時候，要問自己下面這些問題：

「反對者的意見是不是對的？或者有部分是對的？他們的立場和理由是否站得住？我的反應是在解決問題，還是爲了自尊而不願接受對方意見？我的反應是使反對者親近我，還是讓他們更加遠離我？我的反應是不是能夠提高別人對我的評價？我將成功還是失敗？如果我能成功，代價是什麼？如果我不說話，反對者的意見就會消失嗎？這是不是我的一個新機會？」

男高音歌唱家傑恩．皮爾士的婚姻生活持續將近五十年之久，他有一次透露說：「我太太和我在很早以前就訂了一條協議，不論我們如何不滿對方，我們都必須遵守這條協議：當一個人大吼大叫的時候，另一個人應該安靜地聽著——因爲當兩個人都大吼大叫時，就毫無溝通可言了，有的只是噪音和震動。」

◆在人際交往中，任何辯論都是有害無益的，所以你最好放棄辯論，避免與別人發生正面衝突。

6 避免指責別人的錯誤

戴爾・卡內基智慧金言

· 如果你能承認或許是你錯了，那麼你永遠不會惹來麻煩

· 對人絕對不要武斷，不要傷害別人的感情

錯誤是再所難免的，如果一個人說了一句你認爲錯的話——是的，即使你能肯定那是錯的——但你這樣說也許最好：「噢，是這樣的！不過我還有另一種想法，但我也許不對。我總是會出錯的。如果我錯了，還請你指正。且讓我們來看看問題的所在。」

用這類話，如「我也許不對」，「我常常會出錯」，「且讓我們來看看問題所在」，確實會收到神奇的功效。

卡內基訓練班上有一位名叫哈爾德·倫克的學員，他在道奇汽車公司擔任蒙他拿州比林斯郡代理商。他就在自己的工作中採用了上面這種有效的方法。

他說在汽車銷售行業，壓力非常之大，因此他以往在處理顧客抱怨和糾紛時，常常以自我為中心，不考慮顧客的利益，結果總是發生衝突，導致生意銳減，同時還會出現其他不愉快的事情。

於是，倫克開始改變策略。他在班上這樣說道：「當我確信這樣做對我並沒有什麼好處時，我就開始嘗試另一種方法。我這樣對顧客說：『我們確實犯了許多錯誤，真是萬分抱歉。關於你的問題，我們也可能有錯誤，請你告訴我。』」

「這個辦法在解除顧客的對立情緒方面很是有效。而等他們平靜下來之後，他們往往會很講道理，於是問題也就容易解決了；甚至還有許多顧客來向我表示感謝，因為我這種態度讓他們感到了被尊重。其中有兩個人還把他們的朋友介紹到我這裏來買車。在這種競爭激烈的商場上，我們當然需要更多這樣的顧客。我認為尊重顧客的所有意見，並且採取靈活的、有禮貌的方式來處理的話，就會有成功的希望。」

很少有人會進行邏輯性的思考。我們之中的大多數人都犯有主觀的、偏見的錯誤。多數人都有嫉妒、猜疑、恐懼以及傲慢等許多缺點。所以，如果你習慣於指出別人的錯誤的話，就請你在每天早餐以前，坐下來讀一讀下面這段文字。它摘自詹姆斯．哈威．魯濱遜教授那本極具啓迪意義的《決策的過程》一書。

「**有時候我們會在熱情或衝動之下改變自己的思想。但是如果有人指出了我們的錯誤的話，我們反而會固執己見，並遷怒於對方**。我們會在無意識中改變自己的某種觀念。這種行爲完全是潛移默化，不被我們注意的。但如果有人要來指正我們這種觀念，我們反而會極力維護它，使其不受侵犯。很明顯，這並不是由於那些觀念本身非常寶貴，而是我們的自尊心受到了傷害……

「在爲人處世時，『我的』這簡單的兩個字是最重要的詞。妥善適當地用好這個詞，才是智慧之源。無論是『我的』飯，『我的』狗，『我的』屋子，『我的』父親，『我的』國家，還是『我的』上帝，這些都有著同樣的力量。我們不但不喜歡別人說我的手錶不準，或我的汽車太破舊，我們總是願意相信以往所習慣的東西，當我們所相信的任何事物受到懷疑時，我們就會產生反感，並尋找各種理由來爲它辯護。結果呢，我們所謂的理智、所謂的推理等等，就變成了維繫我們所慣於相信的事物的藉口。」

著名心理學家卡爾．羅吉斯在他寫的《怎樣做人》一書中說：「當我嘗試瞭解別人的時候，我發現這實在是太有意義了。你對我這樣說也許會覺得很奇怪，會想我們真的有必要去這樣做嗎？而我以爲這是絕對必要的。我們聽別人說話的時候，所作的反應一般是進行判斷或評價，而不是試圖去理解這些話。當別人說出他的某種感覺、態度或者信念的時候，我們總是會作出各種判斷：『不錯』、『太可笑了』、『這正常嗎』、『這不合乎道理』、『這太離譜了』、『這可不對』……而我們很少去真正瞭解這些話對別人有什麼意義。」

有一次，卡內基雇用了一位室內裝飾設計師，為自己家中裝一些窗簾。當帳單送給卡內基時，他大吃一驚。

過了幾天，一位朋友來卡內基家，她看到這窗簾，問了問價錢，然後帶著得意的口吻大叫說：「什麼？簡直太過分了。我想你大概上了他的當。」

真的嗎？是的，她說的是實話，但很少有人願聽別人羞辱自己判斷力的實話。所以，受習慣的驅使，卡內基開始竭力為自己辯護。他說最好的東西總是最貴的，一個人不可能奢望用便宜的價格買到既品質優良，又具有藝術特色的東西，等等。

第二天，另一個朋友來卡內基家。她很熱情地讚賞那些窗簾，並表示她也希望自己有能力為家裏安裝這麼精美的窗簾。卡內基這時的反應完全不同了。

「哦，說老實話，」卡內基說，「我也沒錢買那些窗簾，它們實在太貴了，我現在還後悔買了它們。」

當我們犯錯的時候，我們或許會自己承認。如果對方待我們非常和善友好，我們也會向別人承認，甚至會對我們自己這種直率坦誠而感到自豪。但如果有人硬是要將難以下嚥的東西塞進我們的喉嚨，那可辦不到……

美國南北內戰時，最著名的編輯哈里斯．格里萊激烈地反對林肯的政策。他相信用辯論、譏笑、詬罵等辦法可以迫使林肯同意他的觀點。於是他月復一月、年復一年地持續使用這種苛刻的辦法。就在林肯遇刺的那天晚上，他還寫了一篇文風粗暴而苛刻的文章來諷刺攻擊林肯。

但所有這些尖刻的攻擊使林肯妥協了嗎？絲毫沒有。譏笑、謾罵永遠於事無補。如果你想要得到一些關於待人處世、自我控制、增進品德修養的有益建議，不妨讀一讀《班傑明．富蘭克林的自傳》——這是一本極吸引人的傳記，也是美國文學史上的名著之一。

在這本自傳中，富蘭克林講述了他如何克服好爭辯的陋習，使他成為美國歷史上最能幹、最和藹、最善於外交的人。

當富蘭克林還是一個冒冒失失的青年時，有一天，教友會一位老教友將他拉到一邊，用尖酸刻薄的話訓斥了他一頓。那幾句話大致如下：

「你可真是無藥可救。你嘲笑、攻擊每一位和你意見不同的人。你的意見太不實際了，沒人接受得了。你的朋友甚至會覺得，如果你不在場的話，他們會更加自在。你知道得太多了，沒有人能再教你什麼東西了，而且也沒有人願意去做這種費力不討好的事。所以你不可能再學到新知識了，而你現在所知卻又十分有限。」

富蘭克林最大的優點之一，是他接受那尖刻責備的態度。儘管他已經成熟，也很明智，但他能領悟到那是事實，並發現這樣下去的話，他將面臨前途及社交失敗的危險。於是，他改掉了陋習，立刻拋棄了他的驕傲、固執的態度。

「我訂下一條規矩，」富蘭克林說，「絕對不許武斷，不允許傷害別人的感情，甚至不准說『絕對』之類肯定的話。我甚至不允許自己在語言中使用過於肯定意思的字眼。我不再說：『當然』、『無疑』等等，而代以『我想』、『揣度』，或『我想像』一件事可能是這樣或那樣，或『目前在我看來是這樣』。當別人肯定說了些我明知其錯誤的話，我也不再冒冒失失地反駁他，不再立即指出他的錯誤。我會在回答時，先說『在某種情況下，你的意見不錯；但在現在的條件之下，我認爲事情或許會……』等等。很快我就看出我這種改變態度的收穫，我所參與的許多談話，氣氛都愉快融洽多了。我以謙遜的態度表達自己的意見，不僅更讓人容易接受，而且還減少了一些衝突。當我犯了錯誤時，我也很少會難堪，而我自己碰巧對的時候，更容易使對方不再固執己見而贊同我。」

◆肆意指責他人的錯誤，只會傷害他人的感情，使其遠離你。所以，如果你想獲得人際交往的成功，就要避免指責別人的錯誤。

7 送人一頂「高帽子」

戴爾・卡內基智慧金言

- 如果你希望某人具備一種美德，你可以公開宣稱他早就擁有這一美德了，送他一頂高帽子
- 幾乎每一個——富人、窮人、乞丐、盜賊——都會極力保全別人所給予他的好名聲
- 如果他得到你的尊重，並且對他的某種能力表示認可，他就很容易受到引導

如果一個好工人變成了不負責任的工人，你會怎麼辦？你可以解雇他，但卻解決不了任何問題；你也可以責罵那個工人，但這通常只會引起怨恨。

亨利．哈克是印第安那州洛威市一家卡車經銷公司的服務部經理，有一個工人的工作成績每況愈下。但亨利．哈克並沒有對他怒吼或威脅，而是把他叫到辦公室，跟他做了一次坦誠的談話。

他說：「比爾，你是一名很出色的技工。你在這條生產線上已經工作好幾年了，你修的車顧客也都很滿意。其實，有很多人都讚賞你的技術。不過，你最近完成一件工作所需要的時間加長了，而且品質也不如你以前的水準。以前你是個優秀的技工，我想你一定知道我不太滿意你目前這種情況，我們也許可以一起來想辦法改進這個問題。」

比爾回答說，他並不知道他沒有做好他的工作，並且向亨利．哈克保證他以後一定會改進。

他做到了沒有？你可以肯定他做到了。因爲他原本就是一個優秀而敏捷的技工。有了哈克先生的那次讚美，他會去努力，而不會做不如從前的事。

住在紐約州的琴德夫人，是卡內基的一位好朋友。她雇了一個女僕，告訴她下星期一上班。

然後，琴德夫人給那女僕以前的女主人打電話瞭解情況，但結果很不好。當這女僕來上班的時候，琴德夫人說：

「奈莉，我給以前雇你做事的那位太太打電話。她說你誠實可靠，不僅會做菜，還會照顧孩子。但她說你不整潔，不能把屋子收拾乾淨。現在我想她可能是在說謊。你穿得這麼整潔，人人都可以看到這一點。我敢打賭你收拾的屋子一定同你的人一樣乾淨整潔。我們將會相處得很好。」

結果呢，她們真的相處得很好。奈莉要顧全她的這一名譽，並且她真的盡力保住了這個好名聲。她把屋子收拾得乾乾淨淨。哪怕多花一小時擦地，她也不願讓琴德夫人對她失望。

這些大概就是所謂的給人戴高帽子。看來，高帽子的力量的確很大，它可以使人「長」得更高。

「對普通人來說，」鮑德文鐵路機車廠經理華克萊說，「如果你能得到他的敬重，並且你對他的某種能力也表示敬重，那麼他們都會很樂意接受你的領導。」

總之，如果你要在某方面改變一個人，就必須把他看成他早就具備這一方面的傑出特質。莎士比亞說：「假定一種美德，如果你沒有，你就必須認為你已經有了。」如果你希望某人具備一種美德，你可以公開宣稱他早就擁有這一美德了（儘管可能的確沒有）。給他一個好名聲，送他一頂高帽子，讓他去實現，他便會儘量努力，不願看到你失望。

吉歐吉特．勃布蘭在她的《我與馬德林的一生》一書中，曾敘述了一個卑賤的比利時女僕的驚人變化。

「隔壁旅館的一個女僕來給我送飯，」她寫道，「人們叫她『洗碗的瑪莉』，因為她一開始只是做廚房裏的雜工。她好像一個怪物，斜眼、彎腿，無論從肉體上還是從精神上來說，都是個天生的可憐人。

「有一天，當她用紅紅的雙手端來一盤麵給我時，我直爽地對她說：『瑪莉，你知不知道你有許多的內在美？』

「習慣於不露聲色、壓抑情感的她，聽了我這話之後，因害怕失誤而惹下大禍，便木呆地站在那裏幾分鐘，以平息其激動。然後，她將盤子放在桌上，嘆了口氣，認真地說：『夫人，我以前從來不敢相信。』她沒有懷疑，也沒有發問。她只是回到廚房，對別人重複了我對她說的話。由於那些人很相信我，沒有人會取笑她。從那天起，甚至開始有人體恤她。但最奇怪的變化，發生在卑微的瑪莉身上。她確實相信她擁有一些自己看不見的優點，她開始注意自己的容貌及身體，這使她乾癟的身體煥發出青春的魅力，並掩蓋了她的缺陷。

「兩個月以後，當我即將離開時，她宣布她將和大廚師的侄子結婚。她說：『我要做太太了。』她一再向我致謝。就那麼一句小小的讚許的話，改變了她整個人生。」

勃布蘭給了「洗碗的瑪莉」一個好名聲，讓她去爲此而努力奮鬥——而那名聲也的確改變了她。

比爾．派克是佛羅里達州德透納海灘一家食品公司的業務員，他對於公司新近推出的系列產品感到非常興奮，但不幸的事情發生了：一家大食品公司的經理取消了產品展示，這使得比爾很不高興。他想這件事想了一整天，決定在下午回家之前再去那家公司試試。

他說：「傑克，今天早上我走時，還沒有讓你真正瞭解我們最新推出的系列產品。假如你能再給我一些時間，我很高興為你介紹我還沒說完的幾點。我非常敬重你聽人談話的雅量，而且你待人非常寬厚，當你聽完我的介紹後，你會改變你的決定。」

傑克會拒絕派克的話嗎?在必須維持派克給他的美譽的情況下，他是沒辦法拒絕的。

有一句古話說：**「人要是背了惡名，不如一死了之。」**但給他一個好名聲——看看會有什麼結果!

幾乎每一個人——富人、窮人、乞丐、盜賊——都會極力奮鬥保全別人給予他的好名聲。

辛辛監獄長勞斯說：「如果你必須應付盜賊，只有一個可能的方法可以制服他——那就是把他當作一個體面的君子來對待他。你必須把他看成是規規矩矩的人。這樣，他就會受寵若驚，因此而有所感動，並以別人對他的信任而自豪。」

◆高帽子是簡單的，只要你輕啟兩片肉唇，就可以源源而出；高帽子是神奇的，只要你送出，就會驚喜連連。還等什麼呢？趕快行動吧！

8 使人樂意做你所建議的事

戴爾・卡內基智慧金言

- 如果你想讓別人樂意做你想要他去做的事，你就必須讓他明白，他對你是多麼的重要，而他自然也會在心中產生這種感覺，從而實現你的期望
- 獲得權威，這是人類的一種天性

在一九一五年，美國人心惶惶，全國上下都極為驚駭。因為僅僅一年的功夫，歐洲各國就相互殘殺，其規模之大，在人類血戰史上從未有過。和平能實現嗎？沒有人知道。但威爾遜總統決意一試。他派了一位私人代

表，作為和平特使，與歐洲列強磋商。

國務卿布萊恩是個極力提倡和平的人，他很希望去做這件事。他認為這是一個立下豐功偉績、名垂萬世的大好機會，但威爾遜委派了另一個人——他的摯友霍斯上校。對於霍斯來說，這可是一件麻煩事，因為他必須將這不好的消息告知布萊恩而又不能讓他不高興。

「當聽說我要去歐洲做和平特使時，布萊恩他當然極其失望，」霍斯上校在他的日記中寫道，「他說他早就打算由他自己去辦這件事。」

「我回答他說，總統認為任何人以官方身分去正式處理這件事，都不合適。如果派他去，將會引起許多人的注意，人們會覺得奇怪，為什麼布萊恩到那裏去了？」

你看出霍斯所說的內在含義了嗎？霍斯實際上是在告訴布萊恩他太重要了，以至於他不適合那項工作——於是布萊恩滿意了，再也無話可說。

霍斯上校老於世故，他遵從了處理人際關係的一項很重要的規則——永遠使別人樂於做你所建議的事。

威爾遜總統在請麥卡杜擔任他的內閣成員的時候，也運用了同一策略。

任何人與總統共事，都會覺得這是一種榮譽，但威爾遜總統所用的方法更使人覺得自己加倍重要。下面是麥卡杜自己敘述的經過：

「他（威爾遜）說他正在組閣，如果我能接受內閣中的某個位置，擔任財政部長，他會非常高興。他說話令人愉快，而且他的話給人這樣一種印象，即如果我接受這個榮譽，就幫了他的一個大忙。」

不幸的是，威爾遜總統並沒有一貫運用這種待人處世的方式。如果他能這樣做的話，歷史或許要重寫。例如，在美國加入國際聯盟這件事上，威爾遜沒有讓參議院及共和黨覺得愉快。

因爲威爾遜拒絕讓羅德或休斯或洛奇或任何其他著名的共和黨領袖同他一起參加和平會議，相反，他只帶了自己黨內的無名人士。他駁斥共和黨人，說加入國際聯盟不是他們的主意，而是他自己的主意，而且他不讓他們參與此事，這種粗率處理人際關係的結果是，威爾遜毀壞了他自己的政治生涯，損害了他的健康，更縮短了他的壽命，並使美國不能加入國聯。

卡內基認識一位先生，那位先生必須拒絕許多演講的邀請、來自朋友的邀請，以及來自盛情難卻的人們的邀請，但他做得很巧妙，使對方感到很滿意。他是怎樣做的呢？

他並不是說太忙，太這樣，或太那樣。不，他會在拒絕邀請並對此表示感謝與致歉後，提議一位代替他的人。

換言之，他不會讓對方有時間來爲他的推辭感到不快，他會立刻讓對方想到可以邀請別人來做他可以做的事。

「你爲什麼不請我的朋友羅格斯，他是布魯克林《鷹報》的編輯，他可以爲你演講。」或者他會建議說：「或許你已經想過要請海考克。他曾在巴黎住了十五年，這位駐歐記者有許多奇聞軼事可說。你爲什麼不請朗費羅？他有許多在印度打獵的極其精彩的影片可供欣賞。」

萬特先生是萬特公司的經理。這家公司在紐約是最大的照相凸凹印刷公司。

有一次，萬特先生遇到了一個難題，他必須改變一位技師的態度及要求，同時又不能引起他的反感。這位技師的工作是看管幾十架打字機及其他一些不好操作的機器，使它們晝夜不停地正常運轉。他總是抱怨工作時間太長，工作太多，他需要一個助手……

萬特沒有給他配一個助手，也沒有減少他的工作時間或工作量，但他卻使這位技師覺得很快樂！這是怎麼回事呢？

他給這位技師安排了一間私人辦公室，並在門上寫著他的名字和頭銜——「修理部主任」。

這位技師不再是一個可以被湯姆、狄克或亨利等人隨意支使的修理匠了。他現在是一部之長。他有威嚴，有地位，獲得了自重感。他工作快樂，也不再抱怨了。

這是不是有點兒孩子氣？

或許是的。但當拿破崙創立榮譽勳章，並給他的士兵頒發了一千五百枚這樣的勳章，提升他的十八位將軍爲「法國元帥」，稱他的部隊爲「大陸軍」的時候，人們也說他有些孩子氣。還有人批評拿破崙把「玩具」贈送給那些久經沙場的勇士，而拿破崙對此卻回答說：「人就是受玩具所支配的。」

這種給人名譽和頭銜的方法，能爲拿破崙所用並極爲有益，當然也能爲你所用。

卡內基的朋友琴德夫人。因為孩子們經常在她家的草地上亂跑、毀壞她的草地而煩惱。她批評、哄勸孩子們，但都沒有作用。

之後。她試著授予其中最壞的一個孩子一個頭銜，使他有了一種權威的感覺。她委派他當她的「偵探」，讓他管理她的草地，不讓別人糟踏她的草地。這樣，事情就圓滿解決了。

◆當一個人心情愉快的時候。他的能動性就會增加，從而釋放出更大的能量；所以，當你想要別人遵從你的建議，只有一個辦法，那就是讓他樂意。

第三章
贏得他人好感的方法

1 微笑是征服人心最有效的方法

戴爾・卡內基智慧金言

- 行動勝於言論。做一個微笑者，微笑會讓人明白：「我喜歡你，你使我快樂，我很高興見到你。」
- 如果你希望別人看到你時很愉快，那麼你一定要記住：當你看見別人時，你也一定要心情愉快
- 對他人微笑，等於是在隱約地告訴他，你喜歡他；他會接收到這份心意，更喜歡你

微笑會讓人明白：「我喜歡你，你使我快樂，我很高興見到你。」

這就是狗爲什麼那麼討人喜歡的原因。牠們是那麼高興見到我們，以至於迫切到心都幾乎要從肚子裏跳出來似的。所以，我們當然也願意並高興看見牠們。

嬰兒的微笑也有同樣的效果。

你是否曾在醫院的候診室裏待過？也許你會注意到四周的人都陰沉著臉，十分厭煩的樣子。

住在密蘇里州雷頓市的獸醫史蒂芬·史波爾曾對卡內基說過這樣一件事：

有一年的春天，在他的獸醫候診室中擠滿了人，他們都帶著自己家中準備注射疫苗的寵物。沒有一個人說話，大家都不耐煩地等著，也許每個人都在想該幹些什麼，而不是坐在那兒浪費時間。

就在大家等待的時候，這時進來一位女士，她帶了一個九個月大的孩子和一隻小貓。她坐在一位男士的旁邊，而這位男士正等得不耐煩了。幸運的是，當他朝一旁看時，他發現那個孩子正注視著他，並天真無邪地向他笑著。你猜這位男士的反應如何呢？

和你我一樣，他也對那個孩子笑了笑，然後就和那位母親聊了起來，談到了她的孩子和他的孫子。很快，整個候診室的氣氛活躍起來，大家都開始相互聊天，每個人都有了一種愉快的體驗。

那小孩的笑是否是不誠意的笑呢？絕對不是。不誠意的笑是騙不了人的。我們知道那種笑是機械的，人們厭惡它。我們是在講一種真正的、熱心的、發自內心的微笑，一種在人際交往中極具價值的微笑。

密西根大學心理學教授詹姆士．麥克奈爾對卡內基談了他對微笑的看法。他說**那些笑臉常在的人，在管理、教育和推銷當中會更容易獲得成功，更容易培養快樂的下一代**。笑容比皺眉頭更能傳情達意，這正是爲什麼教育中更應該以鼓勵和微笑取代體罰和處置的原因所在。

紐約一家大百貨商店的人事部經理告訴我，他情願雇用一個臉上常帶著可愛微笑的小學未畢業的女職員，也不願雇用一位面孔冷淡的哲學博士。

即使我們不能看到笑的本質，但它的影響卻是很大的。遍佈全美國的美國電話電報公司有一個項目叫做「聲音的威力」，這個項目爲電話使用者提供免費電話來推銷產品和服務。在這個項目中，電話公司建議在你打電話時，應該保持微笑，但是這種微笑只能通過你的聲音來傳達。

美國一家大橡膠公司的董事長告訴卡內基說，根據他的觀察，一個人無論做什麼事，除非他對此很感興趣，否則將很難成功。這位實業界的領袖對「十年寒窗可以成就功名」那句老話並不太相信。

「我所認識的一些人，」他說，「他們起初成功了，是因為他們對他們的事業極其感興趣。後來，我看見那些人開始變成工作的奴隸，工作對他們而言變得異常無聊，他們失掉了所有工作中的樂趣，於是他們最後失敗了。」

如果你希望別人看到你的時候很愉快，那麼你一定要記住：當你看見別人時，你也一定要心情愉悅。

你不願意微笑嗎？那該怎麼辦呢？有兩個辦法可以幫助你：第一，強迫自己微笑。第二，如果你一個人獨處，不妨強迫自己吹吹口哨，或哼一支小曲，或唱唱歌，就好像你很快樂的樣子，那就能使你快樂。

哈佛大學已故的著名教授威廉·詹姆士曾說：

「如果我們不愉快的話，那麼得到它的主動途徑就是讓自己高興起來，就好像你已經得到了快樂一樣……」

世界上的每一個人都在追求幸福——而獲得幸福的一個可靠的方法，那就是控制你的思想。幸福並不取決於外界的因素，而是取決於你內心的狀態。

因此，不論你擁有什麼，也不論你是誰，你在何處，或者你在做什麼事，決定你是否幸福的關鍵，在於你怎麼想。例如，兩個人在同一地方做同一事情，兩人都有同樣多的金錢與名聲——可是一個人會痛苦，另一個人會快樂。這是爲什麼呢？因爲他們的內心想法不同。

卡內基從那些在酷熱之下流著汗做苦工、每天只能夠賺七分錢的苦力那裏，看到了快樂的臉孔，而這些臉孔你也可以從在公園馬路上散步的富紳那裏看到。

「事無善惡，」莎士比亞說，「思想使然。」

林肯也曾說：「大多數人的快樂，和他們內心當中所想要得到的快樂，相差無幾。」他說得確實沒錯。

如果一個人獨自在一間封閉的辦公室工作，不僅會感到寂寞，還會和公司其他人斷絕往來，失去和他們交朋友的機會。

在墨西哥的瓜達拉加拉市，西羅拉・瑪麗亞就是這樣。她一個人擁有一間辦公室，當她聽到其他同事的聊天和歡笑聲時，她的內心非常羨慕。她上班的頭一個星期，當她走進辦公大廳經過大家時，她都不好意思和大家打招呼，而是害羞地掉過頭去。

幾個星期之後，她告訴自己：「瑪麗亞，你不能指望別人先和你打招呼。你應該先向別人問好。」於是，從此以後，當她出來倒冷飲時，臉上總是呈現出最迷人的微笑，並會和她所遇到的每個人打招呼：「嗨，你好！」

這樣做的效果當然非常明顯，別人都對她回應了笑容和招呼，就連平時看上去很暗淡的走道好像也明亮了許多。瑪麗亞的工作氣氛開始改變，大家的關係友善多了，人們彼此之間都會打招呼，有的人甚至成了瑪麗亞的好朋友。瑪麗亞也覺得她的工作和生活變得更加愉快和有趣了。

富蘭克林·貝特格原來是卡狄納隊第三棒球名手，而他現在則是美國最成功的保險商之一。他告訴我說，他多年前經過研究發現，愛微笑的人永遠都會受到歡迎。所以，每當他走進別人的辦公室以前，總是要先停下來，想想許多他應該感謝的事，從內心激發出真誠的微笑來，然後就在微笑將由臉上消失的一剎那，進入辦公室。

他認為。正是這種簡單的方法，才使得他在推銷保險業務上取得了特殊的成功，因此微笑對他的成功而言，有很大的關係。

讓我們細讀艾伯．赫巴德下面這段睿智的忠告吧——但不要忘記，除非你把它付諸實踐，否則光是閱讀對於你並無益處。

「你每次出去的時候，都應該收縮下巴，抬高頭頂，挺起胸膛深呼吸；在陽光中沐浴，以微笑來招呼每一個人，每次握手時都應該使出力氣。不要怕被誤會，不要將時間浪費在想你的仇敵。要在你心中明確你喜歡做什麼，然後堅持不懈，勇往直前，集中精力大展宏圖。日後，在時光流逝之中，你會發覺你於不知不覺中抓住了機會，實現了你的欲望。在腦海中想像你希望成爲的那個有能力的、誠懇的、有作爲的人，這種想像會長期影響著你，每時每刻改造你，將你改造成爲你所希望的那種人……思想是至高無上的。必須保持一個正確的人生觀——一種勇敢、誠實、愉悅的態度。正確的思想本身就是創造。一切都來源於希望，每一次真誠的祈禱都會有所應驗。**我們內心希望成為什麼，我們就會變成什麼。**」

◆ 微笑的魅力是巨大的，它可以征服人心。為了在人際交往中如魚得水，善用你的微笑吧。

2 如何增強你的吸引力

戴爾・卡內基智慧金言

- 通達對方內心思想的妙方，就是和對方談論他最感興趣的事情
- 與人溝通的訣竅就是：談論他人最為愉悅的事情
- 如果你要使人喜歡你，如果你想讓他人對你產生興趣，你必須注意的一點是：談論別人感興趣的話題

每一個前往拜訪羅斯福總統的人，都會對他那淵博的知識感到驚訝。「不論是牧童還是騎士，或紐約的政客和外交家，」研究羅斯福的權威作家伯萊特福寫道：「羅

斯福都知道該和他說些什麼。」

那麼，羅斯福又是如何做的呢？答案很簡單——不論羅斯福要見什麼人，他總是會在來訪者到來的前一個晚上晚些入睡，翻閱一些來訪者會特別感興趣的知識。

因為羅斯福和所有領袖人物一樣，深知**通達對方內心思想的妙方，就是和對方談論他最感興趣的事情**。

卡內基接到一封查立夫先生的來信，查立夫先生是一位熱心於童子軍事業的人。

「有一天，我感到我需要別人的幫助。」查立夫先生在信中寫道：「歐洲將舉辦童子軍夏令營活動。我想邀請美國某家大公司的經理出錢，贊助我和一位童子軍的旅行費用。幸運的是，在我去拜訪這位大公司的經理之前，我聽說他曾開出了一張一百萬美元的支票。這可是一百萬美元的支票，要知道！於是，我見到他之後告訴他，我這一輩子從來都沒有聽說有人開過數額如此巨大的支票；我還要告訴我的童子軍，說我的確看到過一張一百萬美元的支票。這位經理非常愉快地把那張支票遞給我看了看。我一直讚嘆不已，並請他把開這張支票的詳細情況告訴我。」

請注意，查立夫先生在剛開始時，並沒有和對方談有關童子軍或歐洲夏令營的事，也沒有談他想要對方幫助的事。他只是談對方所感興趣的話題，讓對方願意和他交談。於是就出現了查立夫先生下面所說的情況：

「過了一會兒，我所拜訪的那位經理問我：『哦，請問你來找我有什麼事？』我就把我的事情告訴了他。令我吃驚的是，他不但立即答應了我的請求，還十分大方地給了我更多的資助。我本來只請他出資贊助一名童子軍去歐洲的，可是他慷慨地資助了五名童子軍和我本人，給我開了一張一千美元的支票，並建議我們在歐洲玩上七個星期。然後，他又給我寫了封介紹信，把我引薦給他在歐洲分公司的經理，請他到時候幫助我們。當我們抵達歐洲時，他又親自去巴黎接我們，帶領我們遊覽了這座美麗的城市。從此以後，他就對我們的童子軍事業非常熱心，經常為家庭貧困的童子軍提供工作的機會。」

查立夫先生又說：「但是我也很清楚，如果我當時沒有找到他感興趣的話題，讓他高興起來，那麼這件事不僅不會辦得這麼容易，我想大概連十分之一的機會都沒有。」

這種方法在人際交往中是很有價值的。我們再來看看紐約一家高級麵包公司——杜弗諾公司的經理杜弗諾先生是怎樣做的吧：

杜弗諾先生一直想把自己的麵包推銷給紐約某家大飯店。連續四年，他幾乎每個星期都要去拜訪這家飯店的經理，並且經常參加由這位經理舉辦的各種社交聚會。為了促成這筆生意，他甚至在這家飯店租了一個房間，住在那裏，希望能做成這筆業務。但是，儘管他用盡了各種方法，還是沒能讓這位經理的大筆在合同書上簽字。

「後來，」杜弗諾先生說，「我研究了有關人際交往的知識，決定改變策略。我決定要找到這個人的興趣所在，尋找他最關心、最熱衷的事業。

「我發現他是美國飯店業協會的會員，不僅如此，由於他對這項事業抱有非常濃厚的興趣和熱情，使他被推舉為這個組織的主席。每次只要開會或舉行什麼活動，他不管有多忙，也會毫不猶豫地趕來參加。

「於是，當我再次去拜訪他的時候，我開始和他談論有關飯店業協會的事情。你猜他怎麼了？我得到的反應之良好，簡直令人吃驚！他花了半小時和我談論飯店業協會的事情。整個談話過程中，他都精神飽滿，充滿著熱情，而且聲音也非常洪亮。我由此看出他感興趣的正是飯店業協會的事情，可以說他將自己的全部精力都投入在這上面。就在我離開他的辦公室之前，他勸說我加入這個協會。

「在整個這次會談中，我沒有對他提有關麵包的半個字。可是沒過幾天，我就接到他飯店主管人員的電話，讓我把麵包的貨樣和報價單送過去。『我真不知道你對這老先生用了什麼魔法，』這位主管人員在電話中對我說，『他可是真的被你打動了！』

「試想一下，我和這位經理打了四年交道，一心想把麵包賣給他，可是一直沒有成功。如果不是我設法找到了他所感興趣的事，瞭解到他願意討論的問題，恐怕我現在還在和他死磨硬泡，卻一無所獲哩！」

◆ 一個人的魅力如何對於人際關係影響很大。只要你魅力無限，就可以吸引很多人，使他們成為你的助推器，所以增強個人吸引力的方法不可不學。

3 如何讓你到處受歡迎

戴爾・卡內基智慧金言

假如我們只想讓別人注意自己，讓別人對我們感興趣，我們就永遠不會有許多真摯而誠懇的朋友

卡內基曾經講過他自己小時候的故事：

「當我五歲的時候，我父親花了五十分給我買了一隻小黃毛狗。我叫牠蒂比，牠是我童年時代樂趣的源泉。每天下午大約四點半左右，牠就會坐在院子前面，用牠那美麗的眼睛靜靜地望著小道，只要一聽到我的聲

音，或看見我搖晃著飯盒穿過矮樹林時，牠就會像箭飛一般，氣喘吁吁地跑上小山，又跳又叫地歡迎我。

蒂比和我做了五年的好朋友。可是，在一個悲慘的晚上——一個我永遠也不會忘記的晚上——在離我僅有十尺遠的地方，牠被電擊死了。蒂比的死，對我的童年時代來說，是一個難以忘懷的悲劇。」

如果一個人真的是關心別人，那麼他在兩個月內所交到的朋友，要比一個總想使別人關心他的人在兩年內所交的朋友還要多。但是有的人就是一輩子都難以醒悟過來，總是想讓別人對他們表示關心。

當然，僅僅是想讓別人對自己表示關心這種方法是行不通的。因爲別人並不在意你，他們只關心自己——無論是在早晨、中午，還是晚飯之後。

紐約電話公司曾對電話中的談話內容做過詳細研究，以瞭解哪些字在電話中是最常用的。很多人大概已經猜到了，那就是「我」、「我」、「我」。在五百次電話談話中，這個詞曾被用過三千九百九十次。

假如我們只想讓別人注意自己，讓別人對我們感興趣，我們就永遠也不會有許多真摯而誠懇的朋友。

維也納已故著名心理學家阿德勒寫過一本書叫《生活的意義》。在那本書中，他說：「對別人漠不關心的人，他的一生困難最多，對別人的損害也最大。所有人類的失敗，都是由這些人造成的。」

也許你讀過幾十卷關於心理學方面的書，但是卻再也找不到比這句話對你和我更重要的了。

卡內基曾在紐約大學選修一門關於短篇小說寫作的課。在這個班上，《科賴爾》雜誌的一位編輯為我們上課。

他說當他每天拿起他桌子上送來的幾十篇小說的任何一篇，只需要讀完幾段，就能感覺出作者是否喜歡別人。

「如果作者不喜歡別人，」他說，「別人也不會喜歡他的小說。」

這位閱歷很深的編輯在他的講課中曾停下來兩次，為他所講的那些大道理道歉。

「現在我告訴你們的，」他說，「和你們的牧師告訴你們的一樣，是完全相同的東西。但是，請記住，如果你要做一個成功的小說家，你必須關心別人。」

如果寫小說是那樣的話，那麼在待人接物、爲人處世方面，顯然就更應該如此了。

當塞斯頓最後一次在百老匯上臺獻藝演出時，卡內基曾去他的化妝室待了一整晚。

塞斯頓被認為是魔術家中的魔術家，是「魔術之王」。他前後周遊世界共四十年，一再創造出各種幻象，令觀眾如癡如醉，使人驚奇不已，總共有超過六千萬的人掏錢觀看他的表演。

卡內基請塞斯頓先生將他的成功秘訣告訴自己。

他告訴卡內基，許多魔術家在面對觀眾時，會對他們自己說：「好，那裏是一群笨蛋，一群鄉巴佬。我可以把他們騙得團團轉。」但塞斯頓卻完全不同。他告訴卡內基，他每次上臺時，都會對自己說：

「我很感動，因為這些人看我的表演，是他們使我過上了舒適的生活。我一定要盡力為他們演出最好的節目。」

他告訴卡內基，他每次走到台前時，總會對自己說：「我愛我的觀眾。我愛我的觀眾。」

可笑嗎？荒誕不經嗎？你可以作任何評價。但塞斯頓只不過是不加評論地把有史以來最著名的魔術家所用的一種方法傳授了給你。

◆人生處世，處處受人歡迎，當然風光無限。如果你也想成為一個到處受歡迎的人，那麼不妨從現在開始，嚴格要求自己，時時關注他人。

4 對他人表達你的熱情和關注

戴爾・卡內基智慧金言

- 如果我們想要交朋友的話，我們就應該去為別人效勞——去做那些需要時間、精力、誠心和思考的事
- 如果我們想要交朋友的話，就要用熱情和生機去應對別人

卡內基從個人的經驗中發現，一個人憑著對他人的真誠關心，就能夠獲得即使是美國最忙的人的注意，佔有他們的時間，並得到他們的合作。

許多年前，卡內基在布魯克林文理學院開設小說創作課。他們打算邀請一些知名而且十分忙碌的作家，例如凱薩琳·諾里斯、凡尼·赫斯德、伊達·塔貝爾、亞伯·德恩、盧伯·休斯以及其他作家，到布魯克林來為他們講授寫作經驗。他們給這些人寫信，述說了他們對作品的羨慕，並深切地希望能獲得其指導，向其學習成功的秘訣。

每封信都由大約一百五十名學員簽名。卡內基知道他們很忙——忙得沒有時間準備演講稿。所以他在信裏面附上了一份問卷，好讓他們介紹他們自己及他們的工作方法。

他們喜歡卡內基那樣做，卡內基做得如此周到，誰會不喜歡呢？所以他們都特意從家裏趕到布魯克林，來給他提供幫助。

用這種相同的方法，卡內基曾邀請到了西奧多·羅斯福總統任期內的財政部長李斯力·肖、塔夫脫總統任期內的司法部長喬治·威格爾沙、威廉·拜倫、富蘭克林·羅斯福，以及其他許多名人來給他的學習班上的學員演講。

所有的人——無論是屠夫、糕點師，或是寶座上的君王，任何人都會喜歡那些尊敬他們的人。

在第一次世界大戰結束的時候，德國皇帝威廉大概算得上世界上最受輕視的人，因為即使他本國的公民。在他為了保住性命而打算逃亡荷蘭時全都反對他，對他忿恨至極。成千上萬的人都希望把他手足撕裂，或釘在火刑柱上燒死他。

在這民意之怒火難以抑制的時候，有一個小孩給這位德國皇帝寫了一封簡單而誠懇的信，信中充滿了仁愛和欽佩。

這個小孩說，不論其他人是怎麼想的，他都永遠希望敬愛的威廉當他的皇帝。德國皇帝被他的信深深感動，邀請這位小朋友來看他。這個小孩來了，他母親也來了——最後，德國皇帝娶了她。

這個小孩根本就沒有必要去讀一本如何交友以及如何影響他人的書，因爲在他的天性當中本來就具有這一切。如果我們想要交朋友的話，就要用熱情和關心去應對別人。

當別人給你打電話時，你也應該用同樣的心理學。你和他說話的聲音，要表示出你是如何喜歡他給你打電話。紐約電話公司開設了一門課程，專門訓練公司的接線員，要求他們在說「請問您要撥什麼號碼？」時，要向對方表達出「早安，我很高興爲您服務」的語氣。明天我們接電話時，也要記住這一點。

要對他人表示你的關心，這與其他人際關係是同樣的道理；而且你這種關心必須是出自真誠的。這不僅使得付出關心的人會得到相應的回報，而得到這種關心的人也會同樣有所收穫。這是一條雙向大道，在這條道路上的當事人都會受益。

◆ 每個人的心中都有一架天平。當你給予他人熱情的關注時，他人當然能感受得到，而且他們會在不知不覺中將自己的熱情流露出來。

第四章
與人高效溝通的若干技巧

1 用偉大的目標溝通他我之心

戴爾・卡內基智慧金言

- 真誠是獲取信任，說服他人的最佳方法
- 一個人說話時的真誠、熱切、熱情能贏得人們的心
- 時常將偉大的目標「示」之於人，就可以贏得他人的心，使之與你同行

一次，一群上層人士發現自己竟置身於「風暴」中。風暴是個名叫毛里斯・高柏萊的人。以下是卡內基的朋友希爾——當事人之一的描述：

「我們圍坐在芝加哥一家飯店的餐桌旁。我們素聞此人大名，據說他是個雷霆萬鈞的演講者，我們不大信。他起立時，人人都目不轉睛地注視著他。」

「他安詳地開始講——一個整潔、文雅的中年人——他感謝我們的邀請。他說，他想談一件嚴肅的事，如果打擾了我們，請我們原諒。」

「接著，他傾身向前，雙眼緊緊盯住我們。他聲音不高，但我卻覺得它像一隻銅鑼突然被敲裂。」

「『向你四周瞧瞧，』他說，『彼此相互瞧一下。你們可知道，現在坐在這個房間裏的人有多少將死於癌症？五十五歲以上的人四個中就有一個，四個就有一個。』」

「他停下來，臉上發起光來。『這是件平常卻嚴酷的事實，不過卻不必長久，』他說，『我們可以想出辦法。這個辦法是研究它的原因，並找出先進的癌症治療方法。』」

「他凝重地看著我們，目光繞著桌子一一移動。『你們願意協助完成這個偉大目標嗎？』」

「在我們腦海中，這時候除了『願意！』外，還會有別的回答嗎？『願意！』我說，大家異口同聲地說。」

「一分鐘不到，毛里斯．高柏萊就贏得了我們的心，他已經把我們每個人都拉進他的話題裏，他已經使我們站在他那一邊，投入他為人類福祉而進行的運動中。」

「毛里斯．高柏萊有極佳的理由要我們做這樣的反應。他與自己的弟弟拿桑，從赤手空拳幹起，建起了連鎖商業王國，年收入達一億美元。歷經多年艱辛和奮鬥，他們終於獲得了神話般的成功，不料拿桑不久即因癌症辭世。事後，毛里斯特意安排讓高柏萊基金會捐出了首次的一百萬美元，用於支持芝加哥大學的癌症研究計畫，並將自己的時間——他已從商場退休——全部用於提醒大家抗癌工作的關心與支持。」

「這些事實加上高柏萊的個性，贏得了我們的心。真誠、熱切、熱情——這是火一樣的決心，使他把自己給我們的幾分鐘，就如他長年累月把自己獻給一個偉大的目標——所有這些因素橫掃過我們，讓我們產生一種對演講者的佩服的感情，一種對他的友誼與一種甘為關切、甘為所動的意願。」

高柏萊不愧爲雷霆萬鈞的演講者，他用一個偉大的目標攫取了聽眾的心，值得我們效仿。

摩根曾說，**真誠的性格是獲取信任的最佳方法；而它同時也是獲取聽眾信心的最佳方法。**

「一個人說話時的那種真誠，」亞歷山大·伍柯特說，「能使他的聲音煥發出真實的異彩，那是僞裝者假裝不了的。」

◆目標是前行的方向。越是偉大的目標，指示性越強。只要你立志高遠，時常將偉大的目標「示」之於人，就可以贏得他人的心，使之與你同行。

2 既要做智者，又要做常人

戴爾・卡內基智慧金言

- 在你面對一般的聽眾演講時，請記住用一般的日常用語
- 有些演講人完全沒有注意到一般大眾並不清楚那些特別用語，於是他們的演講弄得聽眾滿腦子糊裏糊塗，不知所云
- 當然，你沒有必要故意免去一些關鍵的專業用語，只要在用到的時候，記著說清楚便是

假如你是專業性的技術人員——如律師、醫師、工程師，或從事特殊的商業買

賣——在你面對一般聽眾演講的時候，請記住用一般的日常用語，必要時還需詳細解釋一下。

你一定對此要加倍小心，因爲卡內基曾聽過無數次專業性的演講，許多人就是沒有注意到這一點而導致失敗。這些演講人完全沒有注意到一般大眾並不清楚那些特別用語，於是他們的演講弄得聽眾滿腦子糊裏糊塗、不知所云。

那麼，當你做專業性演講的時候，該怎麼做呢？以下是印第安那州前參議員比威利齊的建議，你可以作爲參考。

當你開始演講的時候，不妨從聽眾當中選出一位看起來最不聰明的人來當作對象，然後努力使那個人對你談論的東西發生興趣。卡內基認爲，只有把你的論點講得通俗明白，才會收到良好的效果。還有個更好的辦法，就是從聽眾當中選出一個小男孩或小女孩，這樣效果會更好。

告訴自己——若是大聲講出來讓聽眾知道——你要儘量使那個小孩明白你講的話，並記住你對許多問題的種種解釋。而且在演講之後，還能說出你究竟講了些什麼話。

在卡內基的訓練班裏有位醫師，他有一次就「腹部呼吸對腸蠕動有何幫助，以及對身體健康有何益處」這個題材發表演講。

他正滔滔不絕地從一個醫學名詞講到另一個醫學名詞，卻馬上被老師制止。老師要他先調查班上的學員當中，究竟有多少人知道腹部呼吸，腹部呼吸與一般呼吸有什麼不同；何謂腸蠕動，腹部呼吸與腸蠕動有什麼關係等問題。

調查的結果使那位醫師大為吃驚。於是他不得不重新講，再把一些醫學名詞用簡單明白的日常用語解釋清楚。

向聽眾說明專業性用語時，最好的方法就是用簡單的例子來做比較。亞里斯多德曾說：「思考時，要像一位智者；但講話時，要像一位普通人。」假如你不得不使用專業用語，就得先詳細說明一下，並確定每個聽眾都明白那些用語的意思。尤其是碰到一再使用的關鍵字，那就更得留意了。

當然，你沒有必要故意免去一些關鍵的專業用語。只要在用到的時候，記得說清楚便是。

◆智者之所以成為智者，是因為他站對了位置。如果你也想成為一名智者，那就趕快尋找自己的位置——思考時是智者，講話時是常人。

3 對他人一定要充滿熱情

戴爾・卡內基智慧金言

- 要激發聽眾的情感，使之同意你，演講人自己必須首先產生熾熱的熱情
- 對你自己演講的問題充滿誠摯的信念，是贏得聽眾的最大關鍵

一次，在哥倫比亞大學，我是三位被邀請上臺頒發「寇迪斯獎章」的評委之一。有六位畢業生，全都經過精心訓練，全都急於好好表現自己，可是只有一個例外——他們殫精竭慮只為贏取獎牌——取悅評委，卻忽略

了說服聽眾。

他們選擇的題目顯然並非個人的興趣，而是基於演講技巧的發揮，因此一連串的談話只不過是演說藝術的操練而已。

這個例外來自祖魯王子。他的演講題目是《非洲對現代文明的貢獻》。他對他講的每一個字都充滿強烈的感情，而不僅僅是演講技術的操練。他講的都是活生生的事實，完全出自內心的信念和熱忱，他好像成了祖魯人民的代表，在為自己的土地發言。

由於他的智慧、高尚品格和善良，他向我們「說明」：那塊土地人民是有希望的，熱望我們的瞭解。

我們把獎牌頒發給了他。儘管他在演講技巧上不能跟其他人相比，但由於他的談話充滿了真誠，燃燒著真實的光芒。

同祖魯王子相比，其他人的演講都只不過像「煤氣爐」微弱的火苗而已。祖魯王子在這遙遠的地方以自己的方式教給我們一課：僅運用理智和技巧，不能在演講中把自己的個性在聽眾的身上產生作用，你對自己題目的誠摯信念必定感染他人，從而說服他人。

感。

演講者以充滿感情和富有感染力的熱情來陳說自己的觀點時，很少會引起聽眾反感。

之所以說是「感染性的」，因爲熱情就是那樣。它會將一切否定的、相反意見摒棄於一邊。你的目的是說服，請記住「動之以情」比「發之以思想」成果更大。

要激發聽眾的情感，使之同意你，演講人自己必須首先產生熾熱的熱情。不管一個人能夠構思多麼精緻的詞句，不管他能搜集多少貼切的例證，不管他的聲音多麼優美，不管他的手勢多麼優雅，如果不能真誠講述，這些都只是空洞耀眼的裝飾品罷了。

要使聽眾印象深刻，你自己必須先有深刻印象。你的精神通過你的雙眼而閃亮發光，通過你的嗓子而響徹大廳，通過身體釋放，它自會與聽眾良好的溝通。

◆態度決定命運。當你滿懷熱情與人交往，自然也可以得到他人的熱情，從而使人際關係更親密，使你的人生更上一層樓。

4 用語言修養折服對方

戴爾・卡內基智慧金言

我們的言談，隨時會被人當做評判我們的依據。我們說話，顯示了我們的修養程度，也是我們所受教育及文化程度的證明

即使是最偉大的演說家，也要借助閱讀的靈感及得自書本的資料

一位英國人窮困、潦倒，走在費城的街道上找工作。他走進當地一位大商人保羅・吉朋斯的辦公室，要求與吉朋斯先生見面。

吉朋斯先生以不信任的眼光打量著這位陌生人。他的外表顯然對他不利——衣衫襤褸，衣袖底部已經磨光，全身上下到處顯出一副寒酸樣。吉朋斯先生答應接見他，一半出於好奇心，一半出於同情。

一開始，吉朋斯只打算聽對方說幾秒鐘，但話匣子一打開，這幾秒鐘就變成了幾分鐘，接著又變成了一個小時，而談話依舊進行著。

談話結束之後，吉朋斯先生打電話給狄龍出版公司費城總經理羅蘭．泰勒——一個費城的大資本家。在接到吉朋斯的電話後，泰勒盛情款待了這位陌生人，並為他安排了一份很好的工作。

這個外表看上去十分潦倒的男子，是靠一種什麼魔力在這樣短的時間內影響了如此重要的兩位人物的？此中秘訣可以用一句話來概括，那就是他對英語的表達能力。原來，他是牛津大學畢業生，他到美國來是爲了完成一項商業任務。不幸的是，這項計畫失敗了，他被困美國，他此時既沒有錢，也沒有朋友，有家歸不得。好在他的母語說得非常標準，而且極其漂亮，他的語言立刻打動了聽他說話的人，而且使聽者完全忘了他穿的那雙沾滿泥土的皮鞋，他那襤褸的外衣，以及他那滿是鬍鬚的面孔。是他美麗的詞藻成爲他進入最高級商圈的護照。

這名牛津大學畢業生的故事多少有點不同尋常，但它也說明了一項廣泛而基本的真理，那就是：**我們的言談，隨時會被別人當作評判我們的依據。**

你也許會問：我們如何才能同語言發生親密關係？我們如何以美麗而且正確的方式把它們說出來？卡內基認爲，我們所要使用的方法沒有任何神秘之處，也沒有任何障眼法。這個方法是個公開的秘密。林肯就是使用這個方法獲得了驚人的成就。

除了林肯之外，還沒有其他任何一位美國人曾經把語言編織得如此美麗，也沒有人像他那樣說出如此具有無與倫比的音樂節奏的短句：「怨恨無人，博愛眾人。」

難道說，林肯——父親是一位懶惰、不識字的木匠，母親是一位沒有特殊學識及技能的平凡女子——特別受老天垂愛，賦予他善用語言的天賦？我們沒有證據支持這種推論。

當選國會議員後，林肯曾在華府的官方記錄中用一個形容詞「不完全」來描述他所受的教育。在他的一生當中，受學校教育的時間不超過十二個月。

林肯只從他的小學教師們身上獲得了很少的幫助及啟蒙，他的日常生活的工作環境對他的幫助也不大。他和頭腦最好的人物——各個時代的最著名歌手、詩人——結成好朋友。他可以把伯恩斯、拜倫、白朗寧的詩集整本地背誦出來。

他還曾寫過一篇評論伯恩斯的演講稿。他在辦公室裏放了一本拜倫的詩集，另外又準備了一本放在家裏。他經常抽空拿一本英國詩人胡德的詩集躺在床上翻閱。在白宮時，他也會抽空復習他早已背熟了的莎士比亞名著，也會批評一些演員對莎劇的念法，並提出自己對這部名著的獨特見解。

林肯熱愛詩詞。他不僅在私底下背誦及朗誦，還公開背誦及朗誦，甚至還試著去寫詩。他曾在他妹妹的婚禮上朗誦過他自己的一首長詩。在他中年時期，他把自己的作品寫滿了整本筆記簿。

羅賓森在他的著作《林肯的文學修養》一書中寫道：「這位自學成才的偉人，用真正的文化素材把自己的思想『包裹』起來。他可以被稱之為天才或才子。他的成長過程，同愛默頓教授描述的文藝復興運動領導者之一的伊拉斯莫斯情形一樣。儘管他已離開學校，但他仍以一種教育方法來教育自己，並獲得成功——這個方法就是永不停止地研究與練習。」

林肯，這位舉止笨拙的拓荒者，年輕時經常在印第安那州的農場裏剝玉米葉子、殺豬，以賺取每天三角一分錢的微薄工資。但後來，他卻在蓋茨堡發表了人類有史以來最精彩的一篇演說。當時曾有十七萬大軍在蓋茨堡進行一場大戰，有約七千人陣亡。

著名演說家索姆耐在林肯死後不久曾說過，當這次戰鬥的記憶從人們腦海中消失之後，林肯的演說仍然活生生地印在人們的腦海深處。而且即便這次戰鬥再度被人們回憶起來，最主要的原因還是因為人們想到了林肯的這次演說。

著名政治家愛維萊特也曾在蓋茨堡一口氣演講了兩個小時。他說的話早已被人們遺忘，而林肯的演說卻不到兩分鐘——有位攝影師企圖拍下他發表演說時的照片，但等這位攝影師架起他那架老式的照相機並調準焦距之時，林肯已經結束了演說。

林肯在蓋茨堡的演說全文已被刻印在一塊永不腐朽的銅板上，陳列於牛津大學的圖書館，作為典範。研習演說的每一位後生，都應該把它背下來：

> 八十七年前，我們的祖先在這塊大陸上創立了一個新的國家。她孕育於自由之中，並且獻身給一種理論：所有人生來都是平等的。
>
> 現在，我們正從事一場偉大的內戰，以考驗這個國家，我們正在做一

項試驗：究竟這個國家，或任何一個有這種主張和這種信仰的國家。是否能長存下去。我們在那場戰爭的一個偉大的戰場上集會。我們來此集會，是為了把那個戰場上的一部分奉獻給那些在此地為那個國家的生存而犧牲了自己生命的人，以作為他們的永久安息之所。我們這樣做，是理所當然，且恰如其分的。

可是，從更為廣泛的意義來說，我們無法奉獻，無法聖化，無法神化這塊土地。那些曾在這裏奮鬥過的勇敢的人們，生者和死者已經將這塊土地聖化，這遠非我們這點微薄的力量所能增減的。

世界上的人們不太會注意，更不會長久地記住我們今天在此地所說的話。然而，全世界的人們永遠不會忘記這些勇士在這裏所做過的事。相反，我們這些活著的人應該把自己奉獻於勇士們以崇高的精神向前推進而尚未完成的事業，更應該把自己奉獻於依然擺在我們面前的偉大任務——我們要從這些可敬的死者身上汲取更多的獻身精神，來完成他們為之獻出全部忠誠的事業；我們要在這裏下定最大的決心，不讓烈士們的鮮血白流；要在上帝的保佑下，使我們的國家獲得自由的新生；要使我們這個民有、民治、民享的政府永世長存。

一般認為，這篇演說稿結尾的那個不朽的句子是林肯獨創的。真的是由他自己想出來的嗎？事實上，林肯的律師業務合夥人賀恩登在蓋茨堡演說的幾年前，就曾送過一本巴克爾的演說全集給他。林肯讀完了全書，並且記下了書中的這句話：「民主就是直接自治，由全民治理，它屬於全體人民，並由全體人民分享。」

不過巴克爾的這句話也有可能是從韋伯斯特那裏借用來的，因為韋氏在巴克爾講這句話的四年之前，曾在一封給海尼的覆函中說過：「民主政府是為人民而設立的，它由人民組成，並對人民負責。」

如果進一步追根溯源的話，韋伯斯特則可能是從門羅總統那裏借用來的，因為據考證，門羅總統早在韋氏講此話的三分之一世紀之前就發表過相同的看法。那麼門羅總統又該感謝誰呢？

在門羅出生的五百年前，英國宗教改革家威克利夫就已在《聖經》的英譯本前言中說：「這本《聖經》是為民有、民治、民享的政府所翻譯的。」

遠在威克利夫之前，在耶穌基督誕生的四百多年前，克萊溫在向古雅典的市民發表演說時，也曾談及一位統治者應用「民有、民治及民享」的制度來治國。至於克萊溫究竟是從哪位祖先那兒獲得的這個觀念，那就已無從察考了。

在這個世界上，即使是最偉大的演說家，也要借助閱讀的靈感及得自書本的資料。

從書本中學習！它就是取得成功的秘訣。

◆語言有著神秘的力量，它甚至可以化腐朽為神奇。要想擁有這種力量，只有一種方法，那就是加強語言修養。你還等什麼？抓緊時間吧。

5 用良好的個性感染他人

戴爾・卡內基智慧金言

- 唯有自然、真誠，才能贏得聽眾信任
- 一位疲倦的演說者在講臺上是沒有吸引力的
- 當他們的外表顯得很自信時，他們的思想也比較敏捷，他們的表達也更容易順暢
- 如果我們對我們的聽眾有興趣，聽眾也會對我們產生興趣

美國南北戰爭結束後，當李將軍代表他的軍隊前往阿波麥托克斯鎮表示投降時，他穿著一套整齊的制服，腰邊還繫了一柄很珍貴的長劍。格蘭

特將軍卻未穿外套，也未佩劍，只穿著士兵的襯衫和長褲。

格蘭特後來在他的回憶錄中寫道：「相比之下，我是個十分怪異的對象，而對方則是一名衣著漂亮的男士，身高六英尺，服飾整齊。」——未能在這個歷史性場合穿上合體服飾，成為格蘭特將軍一生中最大的遺憾之一。

卡內基的技術研究所曾對一百位著名的商界人士進行過智力測驗。這次測驗內容與戰時陸軍用的相似。測驗結果是：**在一個人事業成功的各種因素中，個性的作用遠遠勝過智力的作用。**

這是一項意義極爲重大的結論：對商人而言，極爲重要；對教育而言，極爲重要；對專業人員而言，十分重要；對演說者而言，更是十分重要。

除了講前準備外，個性可能是演說中最重要的因素了。

著名演說家亞伯特·胡巴德就曾說過：「在演說中，贏取聽眾信任的，是演說的態度，而不是演講的內容。」卡內基認爲應該將這句話略作修正，那就是態度加上觀念，即個性。

但個性是一種模糊而且難以捉摸的東西，就像紫羅蘭的香氣一般，即使是最能幹的分析家也無法把握。個性是一個人的全部組合：肉體上的、精神上的、心理上的，它包括遺傳、嗜好、氣質、思想、經驗、訓練以及全部的生活經歷。它像愛因斯坦的相對論那般複雜，它也同樣幾乎只有極少數人能夠理解。

個性是由遺傳和環境所決定的，而且極難更改或改進，但我們可以使之強化到某種程度，使它變得更有力量，更具吸引力。不論如何，我們都可以努力對大自然賜給我們的這項奇異的事物作最大的利用。這個目標，對我們每個人都具有相當的重要性。

我們可以從哪些方面努力呢？

(1)**重視衣著**

有一次，一位擔任大學校長的心理學家向一大群大學生詢問，衣服對他們產生什麼影響。結果，被詢問者幾乎一致表示，當他們穿戴整齊、全身上下一塵不染時，他們能清楚地知道自己穿得很整齊，而且也可以感覺得到，這表明衣服會對他們本人產生某種影響。

這種影響雖然很難解釋，但十分明確，十分真實——得體的衣服會使他們增加信心，使他們的自信心大增並使他們的自尊心有了很大提高。他們發現，當他們的外表顯得很自信時，他們的思想也比較敏捷，他們的表達也更容易順暢。這就是衣著對本人產生的影響。

演說者的衣著會對聽眾產生什麼影響呢？卡內基曾注意到，如果演說者是位不修邊幅的男士，穿著寬鬆的褲子、變形的外衣和鞋子，筆露在胸前口袋外面，煙斗或菸草把西裝的外側口袋塞得凸了出來；如果演說者是一位女士，提著一個樣式醜陋的手提包，襯裙露在外面，聽眾對這樣的一位演說者根本就沒有信心，就如同演說者對自己的外表也沒有信心一般。

看了他或她那個蓬亂樣，聽眾豈不是也認爲，這位演說者的頭腦一定也是亂七八糟的，就如同他那蓬亂的頭髮、未經擦拭的皮鞋，或是脹得鼓鼓的手提包一樣。

格蘭特將軍對李將軍的敬佩確實很中肯。但卡內基認爲，李將軍能以整齊的風貌出現於戰敗儀式上，何嘗不是他的個性使然。

(2)重視態度

中國有句諺語叫「和氣生財」。在聽眾面前展露笑容，豈不是與在櫃檯後面的笑容一樣受人歡迎嗎？

卡內基曾說，有位學生參加了由魯克林商會主辦的演講訓練班。他出現在觀眾面前時，全身都散發出一股氣息，彷彿在向台下的人表明他很高興能來到這兒，他很喜歡他即將進行的演說工作。他總是面帶微笑，而且顯得十分樂意地面對著他的聽眾。

很快地，他的這種情緒很快感染了台下的每一位聽眾，他們立即覺得他十分親切，而對他大表歡迎。

與之形成鮮明對照的是，卡內基也經常看到演說者以一種冷漠、做作的姿態走上講臺，彷彿他們很不喜歡發表這次演說。要是演講完了，他定要感謝上帝一番。我們這些當觀眾的，很快就會產生相同的感覺——這種態度是有感染力的。

奧佛·斯特里特教授在《有影響力的人類行為》一書中寫道：

「喜歡產生喜歡。如果我們對我們的聽眾有興趣，聽眾也會對我們產生興趣。如果我們不喜歡台下的聽眾，他們不管在外表或內心，也會對我們表示厭惡。如果我們表現得很膽怯而且慌亂，他們也會對我們缺乏信心。如果我們表現得很無賴，而且只會吹牛，聽眾們也會表現出自我保護的自大。經常，我們甚至尚未開口說話，聽眾就已評定我們的好或壞了。因此，我有充分的理由指出，我們必須事先確信我們的態度一定會引起聽眾的熱烈反應。」

(3)保持最佳姿態

演說者在演說之前，不要坐著面對聽眾，而應以嶄新的姿態到達會場，這樣不是比聽眾在他還沒有演說之前就看到他的舊形象更好一點嗎？

但是，如果我們必須先坐下來，我們就要十分注意我們的坐姿。你一定看過別人四處張望找空座位的情形吧，那是否很像一頭獵犬在找一處可以讓牠躺下來過夜的地方？——他們先是到處張望著，當他們真的找到一張椅子時，就跑上前去，然後就像放置一個大沙袋一樣把自己的身體猛地坐在椅子上。

懂得「入座」藝術的人就不這樣，他一般先用腳背碰一下椅子，然後使頭部到臀部輕鬆地保持直立的姿勢，緩緩坐下去。

還有，千萬注意切勿把玩你的衣服或首飾，因為這樣做會分散聽眾對你的注意力。不僅如此，這樣做還會給人一種懦弱而缺乏自我控制的印象。任何不能增加你的演說分量的動作都會減少聽眾對你的注意力。在演講會場，任何動作都會吸引聽眾的注意力。因此，當你站立時，必須保持靜止的姿態站立，這樣就會使你在聽眾心裏產生泰然自若的感覺。

當你準備站起向聽眾發表演說時，不要急於開口——這是業餘演說家的通病。你應先深深吸一口氣，望著你的聽眾約一分鐘，如果聽眾席上還有嘈雜或騷動，停下來，直到一切平靜為止。

挺起你的胸膛。這種姿勢有助於你自信的表達，讓聽眾從你這兒感受到一種力量。

你的雙手應該如何擺放呢？忘掉它們吧。如果能夠將它們很自然地下垂於身體兩側，那是最理想的。如果你感到它們就像一大串香蕉似的，千萬不要以爲沒有人會去注意它們。

它們最好是輕鬆地下垂於你身體的兩側，這樣才不會引起人們的注意。即使是最吹毛求疵的人也無法批評你的這種姿勢。當然，如果需要，你還可以自然地打出各種強調性的手勢。

但是，假如你很緊張，而且你發現，把它們放在你背後，插入口袋中，或是放在講桌上，能夠使你減少緊張的情緒，你該怎麼辦呢？運用你的常識去判斷。

許多年以前，卡內基聽過著名的吉普西・史密斯的傳道。他的演說曾使好幾千人信了耶穌，卡內基對他的精彩演說極爲佩服。他也使用手勢——而且用得相當多——但不致令人覺得有任何不自然的地方。

這才是最理想的方式。只要你能練習及運用這些原則，你將發現，你自己也是以這樣的方式做手勢的。卡內基認爲，他無法替你舉出任何姿勢的法則，因爲一切決定於演說者的氣質，決定於他準備的情形，他的熱誠，他的個性，演說者的主題，聽眾，以及會場的情況。

◆每個人都有自己的個性，它散逸於衣著、態度、姿態之中。要想在人際交往中立於不敗之地，你只有加強個性的修養，讓個性展現出魅力。

6 成為積極有效的聆聽者

戴爾．卡內基智慧金言

- 世界上任何人都喜歡有人聽他說話，只有對於聽他說話的入，他才會有反應
- 聆聽也是尊重的一種最佳表示，表示我們看重他們。我們等於是在說：「你的想法、行為與信念對我都很重要。」
- 全心投入、有成效地聆聽才是一種非常有效的活動

我們應該聆聽別人的最佳理由起碼有兩個。第一，只有憑藉聆聽，你才能學習他人的長處；其次，別人只對聽他說話的人有反應。

既然理由如此充分明顯，還有人偏要擺出毫無興趣的態度豈非愚蠢！可惜，我們大部分的人都是這樣做的。

當然，我們都知道聆聽的重要並非只有專業記者才用得著，只要有意跟別人溝通，任何人、任何時間、任何地點都需要聆聽。

溝通的各項能力中，最重要的莫過於聆聽的能力。高談闊論的能力、強而有力的聲音、精通多國語言甚至寫作的才能都不比聆聽來得重要。

有效的溝通從真正的聆聽開始。而擅長於聆聽的人其實少之又少，但成功的領導人卻都是那些真正領略聆聽價值的人。

位於南美洲智利的李弗公司，負責許多產品在南美的經銷，包括規模很大的派索登牙膏廠。該公司的負責人格羅喬·馬基托有一次欣然接受了一位作業員的建議，因為覺得他的建議實在很有道理。起因是他發現生產流程常因鋼槽需要清洗而中斷。

他回憶道：「我們只有一個鋼槽，有一位作業員建議我們應該安裝第二槽。清洗第一槽時，我們可以用第二槽，這樣就再也不必因為清洗而中途停頓。這邊加裝一個螺門，那邊加裝一個槽，幫我們節省了百分之七十的轉換時間，效率也因此提高了。」

無獨有偶，馬基托得到的第二個有關生產牙膏的點子，也是從聆聽工人的意見中誕生的，並且也同樣重要。

多年來，工廠一直在牙膏輸送帶下裝設極精密昂貴的機器，它的功能是為確定每個牙膏紙盒中均裝入了一管牙膏。不過，這具高科技的機器不太好用。馬基托說：「我們有時候還是把空紙盒封了起來送出去。」

「那位作業員的意見是把這些昂貴的機器換掉，只要在輸送帶旁裝一具小型的空氣噴射器。把氣壓設定好，一旦噴到空盒上，就足以把空紙盒吹到輸送帶之外。」

聆聽者雖然不開口說話，但其實聰明的聆聽者往往積極地參與對話。當然這不容易做到。第一點，就是要全心全意，而且要真心投入，還要能問問題，鼓勵對方多談。其中包括有反應、機智、周到、不離題、簡潔等特點。

要表示積極參與談話的方式很多，絕不需要動不動就插嘴。方式雖然很多，但我們用不著招招精通。擅於聆聽的人通常只用幾種輕鬆自然的方式，重點是要有效。

這些方式包括偶爾點點頭，回應一兩聲。有些人會換個姿勢或俯身向前。恰當的時候微笑一下或搖搖頭。目光的交流最能顯示你是一位好的談話夥伴，因爲他表示：「我非常認真地在聽你說什麼。」

談話中途停頓時，可以提出相關的問題，再讓他發揮下去。

重要的並不是你到底應該採取哪一種聆聽技巧，因爲這絕不是一件機械化或一成不變的事。這些只是當你感覺不錯時可以用的幾個方式，它們會使跟你談話的人變得更快樂。

艾默·惠勒二十幾年前寫過一本有關銷售的著作：《心動銷售術》，書中就提出了與此相似的想法：「好的聆聽者總是傾身向前，他對你說的每個字都專心專意。他把『心』放在你身上，在正確的時刻點頭或微笑。他的聆聽使得雙方距離接近了。」

惠勒認爲這絕不是只有搞業務的人才需要具備的能力。他寫道：「要得到社交與生意上的成就，這是值得採取的一條原則。」

SGS湯普生微電公司的人力資源副總裁比爾·馬卡希拉就說：「真正懂得聆聽的人常是會問問題並靜待回覆的人，這跟那些跑來丟下解決辦法的人完全不同。只有當員工相信你不會直接驟下決定時，真正的聆聽才可能發生。」

馬卡希拉感到這個觀念非常重要，於是他爲工廠領班們開創了一種新項目——積極聆聽獎。爲判斷是否積極聆聽，他設計了一種三題式的測試：

(1)你是否提出問題，並等待答覆？
(2)你回答問題是否快速直接？
(3)別人是否能感受到你的積極聆聽？

內布拉斯加州奧瑪哈市的一位壽險市場專員克里斯．康威是一位單親父親，獨力扶養兩個小男孩。他由大兒子處學會如何真正傾聽。

康威說：「丹尼加入了一個青少年團體，約有十五個人，每週與一對夫婦聚會談論時事，以及年輕人對那件事的看法。那對夫婦發揮了引發談話的技巧，我問丹尼他覺得參加這個團體感想如何。」

「丹尼的態度非常熱烈，他說因為團體領導人對年輕人所說的話聽得非常專注，他敢說他們是真心地關切這個團體。」

他父親說：「丹尼，我也聽你說話啊！」

丹尼說：「爸，我知道！可是你忙著做飯、洗碗，手上總是有事。你總會說好或是不好，或是『我想想』，你根本沒有聽我說話。他們那些人可不一樣，他們臉對著我，眼睛看著我，托著腮，專心一致地聽我說話。」

接下去的兩個禮拜，克里斯．康威用心聽他兩個兒子講話。「我在他們的盤子上堆滿食物，但我自己只吃了幾根蔬菜。他們任何人開始說話，我就放下叉子，面對他仔細地聽。結果是我的體重減輕了十五磅，而晚餐時間也由平均八分鐘延長到四十二分鐘。」

不變的真理是。人人都喜歡有人聽他說話。在工作場合固然如此，在家庭中也是一樣。對任何人都是永遠有效的。

卡內基認爲，「增強影響力的秘訣不在表達，而在聆聽。大部分的人花費太多時間高談闊論想要說服他人。其實，不如讓他們自己說出來。畢竟，他才是最瞭解自己的事業或問題的人。因此，多問問題。聽聽他們怎麼說。」

如果你不贊同他，你可能會很想打斷他的談話。不過，最好還是不要這樣冒險。如果他們心中還有很多意欲一吐爲快的事，他們多半也不會注意你的。」

◆擅於聆聽的人，說服力最強，因而得到很多的支持，你何不保持開放地耐心聆聽，真誠地鼓勵他們淋漓盡致地表達他們的想法呢！

下篇

擺脫灰色人生的憂慮

——如何展示人性的優點，保持充沛的活力

憂慮是隱藏在人生路上的一大殺手，它隨時可能侵害人的頭腦和神經，並導致諸如心臟病、高血壓、風濕、感冒等疾病……

克服憂慮，刻不容緩。要注意培養一種平常心，自我控制，樂觀開朗地面對身邊的一切。

不要把自己看得太重要。活在今天，活在此刻，不要為過去無可挽回的事和未來還沒發生的事而憂心。

將憂慮儘量化減到最小，學習「亞里斯多德」法則，或者用「機率」法則打消憂慮。不開心的時候，應該將心中的積鬱說出來。

平和的心緒和理智的行動是克服憂慮的一大法寶。保持一個良好的心態，不必為暫時的挫折和無奈而灰心喪氣。

記住，一定要讓憂慮從此刻終止！

第一章
憂慮會侵害你的健康

1 憂慮容易導致三大疾病

戴爾・卡內基智慧金言

- 不知道怎樣抗拒憂慮的人都會短命
- 再沒有什麼比憂慮使一個女人老得更快，因為憂慮會很快摧毀她的容貌

曾經獲得諾貝爾醫學獎的亞歷克西斯・卡銳爾博士說：「不知道抗拒憂慮的商人都會短命而死。」

其實不止商人，家庭主婦、獸醫和泥水匠……都是如此。

幾年前，卡內基在度假的時候，跟戈伯爾博士一起坐車經過德克薩斯州和新墨西哥州。戈伯爾博士是聖塔菲鐵路的醫務負責人，他的正式頭銜是海灣—科羅拉多和聖塔菲聯合醫院的主治醫師。當他們談到憂慮對人的影響時，他說：

「在醫生接觸的病人中，有百分之七十的人只要能夠消除他們的恐懼和憂慮，病就會自然好起來。」

「我說的這種病就像神經性的消化不良，某些胃潰瘍、心臟病、失眠症、一些頭痛症和麻痹症等等。」

「恐懼使你憂慮，憂慮使你緊張，並影響到你胃部的神經，使胃裏的胃液由正常變為不正常。因此就容易產生胃潰瘍。」

約瑟夫．蒙塔格博士曾寫過一本《神經性胃病》的書，他也說過同樣的話：**「胃潰瘍的產生，不是因為你吃了什麼而導致的，而是因為你憂愁。」**

梅奧診所的阿爾凡萊茲博士說：「胃潰瘍通常根據你情緒緊張的高低而發作或消失。」

他的這種說法在對梅奥診所的一萬五千名胃病患者進行研究後得到了證實。每五個人中，有四個並不是因爲生理原因而得胃病。恐懼、憂慮、憎恨、極端自私，以及無法適應現實生活，才是他們得胃病和胃潰瘍的原因。

卡內基曾和梅奥診所的哈樂德．哈貝恩博士通過幾次信。他在全美工業界醫師協會的年會上讀過一篇論文，說他研究了一百七十六位平均年齡在四十四歲的工商界負責人。他報導說：大約有三分之一的人因為生活過度緊張而引起下列三種病症之一——心臟病、消化系統潰瘍和高血壓。

想想看，在我們工商界的負責人中，有三分之一的人都患有心臟病、潰瘍和高血壓，而他們都還不到四十五歲，成功的代價是多麼高啊！

一個身患胃潰瘍和心臟病的人能算是成功之人嗎？就算他能贏得全世界，卻損失了自己的健康，對他個人來說，又有什麼好處？即使他擁有全世界，每次也只能睡在一張床上，每天也只能吃三頓飯。就是一個挖水溝的人，也能做到這一點，而且還可能比一個很有權力的公司負責人睡得更安穩，吃得更香。

卡內基說：「我情願做一個在阿拉巴馬州租田耕種的農夫，在膝蓋上放一把五弦琴，也不願意在自己不到四十五歲的時候，就爲了管理一個鐵路公司，或者是一家香菸公司而毀了自己的健康。」

一位世界最知名的香菸製造商，正在加拿大森林裏想輕鬆一下的時候，因爲心臟病發作而死了。他擁有幾百萬元的財產，卻在六十一歲時就離世了。他也許是犧牲了好幾年的生命換取了所謂的「生意上的成功」。

在卡內基看來，這個有幾百萬財產的香菸大王，其成功還不及他爸爸的一半。他爸爸是密蘇里州的農夫，一文不名，卻活到了八十九歲。

◆憂慮的危害是巨大的，它不但損害你的健康，而且很有可能會奪走你的生命。每個人都應當盡力擺脫憂慮，讓生命的火焰發出更大的光輝。

2 憂慮容易導致神經和精神問題

戴爾・卡內基智慧金言

- 在紛繁複雜的現代社會，只有能保持內心平靜的人，才不會變成神經病
- 大部分神經疾病病人並不是病理方面出了問題，而是煩惱和憂慮等情緒引起的

美國南北戰爭時，格蘭特將軍包圍李將軍已達九個月之久。李將軍的部隊衣衫襤褸，食不果腹，整團軍隊士氣渙散。

李將軍的軍隊放火焚燒里奇蒙城內的棉花及菸草倉庫，焚燒軍火庫，趁著烈焰升入夜空之際逃出圍城。格蘭特部隊追趕緊迫，從兩邊包抄，騎兵隊又阻絕了補給線。

格蘭特將軍當時頭痛欲裂，落在他的軍隊後面，後來在一戶農舍旁停了下來。他的回憶錄中記載著：

「我在那裏過了一夜，用熱水燙腳，又用芥末膏塗在關節與頸後，希望明早能不再頭痛。」

「第二天早上，頭果然不痛了。不過那跟芥末膏無關，而是因為傳令兵送來了南軍李將軍的投降書。」

格蘭特將軍寫道：

「軍官交給我那封信的時候，我還頭痛得要命，可是我一打開它，看到內容，馬上就不痛了！」

格蘭特的頭痛明顯的是因爲憂慮、緊張等情緒所引起的。一旦信心、成就及勝利的心情取代了原來的情緒，他立即痊癒。

柏拉圖說：「醫師所犯的最大錯誤，就是他們只管頭痛醫頭，腳痛醫腳，從不打算醫治病人的心理，其實人是身心合一的，怎麼能分開呢？」

醫學發展了兩千多年才總算認清了這個真理。現在開始發展一種新醫學，即心理治療——一種能兼顧身心兩方面的醫學。醫學的突飛猛進已控制了細菌引起的疾病——例如天花、瘧疾、黃熱等曾剝奪千萬人生命的疾病，但醫學無力解決不是因細菌引起，而是因憂慮、恐懼、憎恨、挫折與絕望引起的疾病。

人爲什麼會喪失理智？沒有人瞭解所有的原因，不過恐懼與憂慮可能是相當有分量的因素。**焦慮困擾得人們不能在現實的世界中調適自我。只能漸漸退縮到他自己想像的世界中**。在個人的小天地裏，沒有人會憂慮。

卡內基桌上有一本波德斯基醫師所著的書，題爲《停止憂慮而後痊癒》，書中一些章節的名稱如下：

(1)憂慮對心臟的影響
(2)血壓因憂慮而升高
(3)憂慮可能引起風濕症
(4)為了你的胃，少憂慮些吧
(5)憂慮引起感冒

（6）憂慮與甲狀腺症
（7）憂心忡忡的糖尿病患者

另一本有關憂慮的書是曼寧格醫師所著的《與自我爲敵》，書中並未教你如何克服憂慮，倒是揭露了一些可怕的事實，我們如何因焦慮、挫折、仇恨、厭惡、抗拒與恐懼而不自覺地摧毀身心。

◆憂慮是一種情緒，可以通過調適自我消除。一旦你產生了憂慮，就應該立即採取措施予以解決。這樣，你就會與各種神經性疾病絕緣。

3 憂慮容易導致關節炎和其他疾病

戴爾・卡內基智慧金言

- 憂慮會使你的免疫力大大降低，導致多種疾病發生
- 憂慮就像不停地往下滴的水，總有一天，會使你失去心理平和和健康

憂慮會使你患風濕症或關節炎而坐進輪椅。康奈爾大學醫學院的羅素・塞西爾博士是世界知名的治療關節炎權威，他列舉了四種最容易得關節炎的情況：

(1) 婚姻破裂。

(2)財務上的不幸和難關。
(3)寂寞和憂慮。
(4)長期的憤怒。

當然，以上四種情緒狀況，並不是關節炎形成的唯一原因，而產生關節炎最「常見的原因」是塞西爾博士所列舉的這四點。

卡內基的一個朋友在經濟不景氣的時候，遭到很大的損失。結果煤氣公司切斷了他的煤氣，銀行沒收了他抵押貸款的房子，他太太突然染上關節炎——雖然經過治療和注意營養，關節炎卻一直等到他們的財務情況改善之後才算痊癒。

憂慮甚至會使你產生蛀牙。威廉・麥克戈尼格博士在全美牙醫協會的一次演講中說：「由於焦慮、恐懼等產生的不快情緒，可能影響到一個人身體的鈣質平衡，而使牙齒容易受蛀。」

麥克戈尼格博士提到，他的一個病人起先有一口很好的牙齒，後來他太太得了急病，使他開始擔心起來。就在她住院的三個禮拜裏，他突然有了九顆蛀牙——都是由於焦慮引起的。

卡內基說：「你是否看過一個甲狀腺反應過度的人？我看過。我可以告訴你，他們會顫抖、會戰慄。甲狀腺原來應該能使身體規律化，一旦反常之後，心跳就會加快，使整個身體亢奮得像一個打開所有爐門的火爐，如果不動手術或加以治療的話，就很可能『把他自己燒乾』。」

卡內基曾和一個得甲狀腺反應過度的朋友到費城去。他們去見伊莎瑞爾士內．布拉姆博士——一位主治這種病達三十八年之久的著名專家。在他候診室的牆上掛了一塊大木板，上面寫著他給病人的忠告：

輕鬆和享受

最使你輕鬆愉快的是，

健全的信仰、睡眠、音樂和歡笑。

——對前途要有信心

——要能睡得安穩

——喜歡好的音樂

——從滑稽的一面來看待生活，

健康和快樂就都是你的。

那位專家問卡內基的朋友的第一個問題就是：「你的情緒是否已經使你影響了身體健康和心理平和？」他警告卡內基的朋友說，如果他繼續憂慮下去，就可能會染上其他併發症——心臟病、胃潰瘍，或是糖尿病。

「所有的這些病症，」這位名醫說，「都互為親戚關係，甚至是很近的親戚。」

一點都沒錯，它們都是近親——由憂慮所產生的病症。

卡內基去訪問女明星莫樂．奧伯恩時，她告訴他她絕對不會憂慮，因為憂慮會摧毀她的主要資產——她美麗的容貌。她告訴他說：

「當我最先想要進入影壇的時候，我既擔心又害怕。我剛從印度回來，在倫敦一個熟人也沒有，卻想在那裏找到一份工作。我見過幾個製片家，可是沒有一個人肯用我。我僅有的一點錢漸漸用光了，整整有兩個禮拜，只靠一點餅乾和水過活。這下我不僅是憂慮，還很饑餓。我對自己說：『也許你是個傻子，也許你永遠也不可能闖進電影界。歸根結底，你沒有經驗，也從來沒有演過戲，除了一張漂亮的臉蛋，你還有些什麼呢？』

「我照了照鏡子。就在我望著鏡子的時候，才發現憂慮對我容貌的影響。我看見憂慮造成的皺紋，看見焦慮的表情，於是我對自己說：『你一定得馬上停止憂慮，不能再憂慮下去了，你所能給人家的只有你的容貌，而憂慮會毀了它的。』」

莫樂·奧伯恩的話給了我們很深的啓示：再沒有什麼會比憂慮使一個女人老得更快，而摧毀了她的容貌。

憂慮會使我們的表情難看，會使我們咬緊牙關，會使我們的臉上產生皺紋，會使我們老是愁眉苦臉，會使我們頭髮灰白，有時甚至會使頭髮脫落。憂慮會使你臉上的皮膚發生斑點、潰爛和粉刺。

心臟病是美國的第一號凶手。在第二次世界大戰期間，大約有三十幾萬美國人死在戰場上，可是在同一段時間裏，心臟病卻殺死了兩百萬平民——其中有一百萬人的心臟病是由於憂慮和過度緊張的生活引起的。不錯，就因爲心臟病，亞歷克西斯·卡銳爾博士才會說：「不知道怎麼抗拒憂慮的商人都會短命而死。」

「上帝可能原諒我們所犯的罪，」威廉・詹姆斯說，「可是我們的神經系統卻不會。」

這是一件令人吃驚而難以相信的事實：每年死於自殺的人，比死於種種常見的傳染病的人還要多。

爲什麼呢？答案通常都是「因爲憂慮」。

憂慮就像不停地往下滴、滴、滴的水，而那不停地往下滴、滴、滴的憂慮，通常會使人心神喪失而自殺。

卡內基說：「當我還是密蘇里州一個鄉下孩子的時候，禮拜天聽牧師形容地獄的烈火，嚇得我半死。可是他從來沒有提到，我們此時此地由憂慮所帶來的生理痛苦的地獄烈火。比方說，如果你長期憂慮下去的話，你有一天就很可能會得最痛苦的病症——狹心症。

這種病要是發作起來，會讓你痛得尖叫，跟你的尖叫比起來，但丁的《地獄篇》聽來都像是『娃娃遊玩具國』了。到時候，你就會跟你自己說：噢，上帝啊！噢，上帝啊！要是我能好的話，我永遠也不會再爲任何事情憂慮——永遠也不會了。」

你愛生命嗎？你想健康、長壽嗎？下面就是你能做到的方法。亞歷克西斯・卡銳爾博士曾說：「在紛繁複雜的現代城市中，只有能保持內心平靜的人，才不會變成神經病。」

你是否可以在現代城市的混亂中保持內心的平靜呢？如果你是一個正常人，答案應該是：「可以的。」「絕對可以。」我們大多數人實際上都比我們所認爲的要堅強得多。我們有很多也許從來沒有被發現的內在力量，就像梭羅在他不朽的名著《獄卒》裏所說的：

「我不知道有什麼比一個人能下定決心改善他的生活能力更令人振奮了……要是一個人，能充滿信心地朝他理想的方向去做，下定決心過他所想過的生活，他就一定會得到意外的成功。」

◆無論你現在有沒有關節炎，無論你現在有沒有蛀牙，也無論你現在有沒有心臟病，你都應該知道：不知道怎樣抗拒憂慮的人都會短命。

第二章
別讓憂慮成為你的習慣

1　沒有誰，地球都依然旋轉

戴爾・卡內基智慧金言

- 要使你走出憂慮，焦躁，就必須讓心境平靜下來，保持穩定的心態
- 無論是工作或是划船，都必須以正確而從容的步伐前進，這樣心中的靈魂才能獲得和平的力量，以穩定和諧的智慧指導神經及肌肉從事工作，如此一來，勝利也終將屬於你

很多人被緊張密密地包圍著，備嘗辛酸。爲緩和四處蔓延的緊張氣氛，首先務必

降低生活步調，使心情恢復平靜，不再焦慮暴烈，保持穩定與和諧。

曾經有位醫生在替一位卓越的實業家進行診療時，勸他要多多休息。這位病人憤怒地抗議說：「我每天承擔著巨大的工作量，沒有一個人可以分擔一丁點的業務。大夫，您知道嗎？我每天都得提一個沉重的手提包回家，裏面裝的是滿滿的文件呀！」

「為什麼晚上還要批閱那麼多文件呢？」醫生詫異地問道。

「那些都是必須處理的急件。」病人不耐煩地回答。

「難道沒人可以幫你的忙嗎？助手呢？」醫生問。

「不行呀！只有我才能正確地批示呀！而且我還必須儘快處理完，要不然公司該怎麼辦呢？」

「這樣吧！現在我開一個處方給你，你是否能照著做呢？」醫生有所決定地說道。

這病人聽完醫生的話，讀了讀處方的規定——每天散步兩小時；每星期空出半天的時間到墓地去一趟。

病人怪異地問道：「為什麼要在墓地待上半天呢？」

「因為……」醫生回答，「我希望你四處走一走，瞧一瞧那些與世長辭的人的墓碑。你仔細考慮一下，他們生前也與你一般。認為全世界的事都必須扛在雙肩，如今他們全都永眠於黃土下了，也許將來有一天你也會加入他們的行列，然而整個地球的活動還是永恆不斷地進行著，而其他世人則仍是如你一般繼續工作。我建議你站在墓碑前，好好地想一想這些擺在眼前的事實。」

醫生這番苦口婆心的勸諫終於敲醒了病人的心靈。他依照醫生的指示，緩慢了生活的步調，並且轉移一部分職責。他知道生命的真義不在於急躁或焦慮，他的心已經得到平和，也可以說他比以前活得更好，當然事業也蒸蒸日上。

有一位大學船賽冠軍隊隊長對卡內基說：「我們的教練常提醒隊員說『我想贏，就得慢慢地划槳。』也就是說，划槳的速度太快的話，會破壞船行的節拍；一旦攪亂節拍，要再度恢復正確的速度就相當困難了。欲速則不達，這是千古不變的法則。」

所以無論是工作或者划船，都必須以正確而從容的步伐前進，這樣心中及靈魂才能夠獲得平和的力量，以穩定和諧的智慧指導神經及肌肉從事工作，如此一來，勝利也終將屬於你。

那麼我們究竟應如何實踐這個理論呢？那就是每天必須持之以恆地實行維持健康的步驟，無論是洗澡、運動，都要以平和的心態完成。另一方面，不妨撥一些空閒的時間從事洗淨心靈的活動，譬如靜坐，這是相當好的潔淨心智的方法，一有時間就安坐一旁，舒放你的心靈，讓你的眼睛自由自在地飛翔四方，想想曾經欣賞過的高山峻嶺、濃霧瀰漫的峽谷、鯉魚跳躍的河流、月光倒映的水面……你的心就會舒坦地沉醉其中。

每二十四小時就做一次冥想，尤其是在繁忙的時刻，停下手邊的工作，平靜地遐想十分鐘，讓全身的神經及肌肉鬆弛下來，你的心就會得到平靜。

◆人總是有攪亂步伐的時候，當你心裏充滿焦慮緊張、不知所措時，最好的辦法就是停止一切活動，適時地放鬆自己。

2 微笑著面對生活中的一切

戴爾．卡內基智慧金言

- 事情既然如此，就不會另有他樣
- 不要為我們的意志力所不及的事情去憂慮
- 當你確知不可避免，不妨微笑著面對

卡內基曾講過他幼時的故事：

小時候，我和幾個朋友在密蘇里州的老木屋頂上玩，我爬下屋頂時，在窗沿上歇了一會兒，然後跳下來。我的左食指上戴著一枚戒指，往下跳時，戒指鉤在釘子上，扯斷了我的手指。

我尖聲大叫，十分害怕，我想我可能會死掉。但等到手指創傷癒合，我就再也沒為它操過一點兒心。有什麼用？我已經接受了不可改變的事實。

現在我幾乎忘了我的左手只有大拇指及三根手指。

幾年前，我在紐約市中心的一座辦公大樓電梯裏，遇到了一位男士，我注意到他的左臂由腕骨處切除了。我問他這是否會令他煩惱，他說：「噢！我已很少想起它了，只有在穿針引線時覺得不便。」

人在不得已時幾乎可以接受任何狀況，調整自己，適度遺忘，而且速度驚人。

荷蘭阿姆斯特丹有一座十五世紀的教堂遺跡，一段題詞令人印象深刻：「事必如此，別無選擇。」

在我們有生之年，我們勢必遇到許多不快的經歷，它們是無可逃避的，我們也是無法選擇的。我們只能接受不可避免的事實作自我調適，多作抗拒不但可能毀了自己的生活，而且也許會精神崩潰。

威廉・詹姆斯曾說：「心甘情願地接受吧！接受事實是克服任何不幸的第一步。」

「事必如此，別無選擇」，這並非容易的課程，即使貴爲一國之君也不能不常提醒自己。英王喬治五世在白金漢宮的圖書室內就掛著這句話：「請教導我不要憑空妄想，或作無謂的怨嘆。」哲學家叔本華曾表達過相同的想法：「逆來順受是人生的必修課程。」

顯然，情境不能決定我們是否快樂，我們對事情的反應反而決定我們的心情。耶穌曾說：天堂在你心內，當然，地獄也在。

只要必須，我們都能度過災難與悲劇，並且戰勝它。我們也許沒有覺察到，但是我們內心都有更強的力量幫助我們度過，我們都比自己想的更堅強。

已故的美國小說家塔金頓常說：「我可以忍受一切變故——除了失明——我絕不能忍受失明。」

可是在他六十歲的某一天，當他看著地毯時，卻發現地毯的顏色漸漸模糊，他看不出圖案。他去看醫生，得到了殘酷的證實，他即將失明。有一隻眼差不多全瞎了，另一隻也將跟進——他最恐懼的事終於發生了。

塔金頓對這最大的災難如何反應呢？他是否覺得：「完了，我的人生完了！」完全不是，令他驚訝的是，他還依然很愉快，他甚至發揮了他的幽默感。

飛「斑」困擾著他，這些浮游的斑點阻擋他的視力。當大斑點晃過他的視野時，他會說：「嗨！又是這個大傢伙。不知道它今早要到哪兒去！」

命運怎麼能捉弄這樣的精神？不，答案是不能。完全失明後，塔金頓說：「我發現自己可以接受這種不幸，因為人可以面對任何狀況。如果我失去了五種官能，那麼我還有內心世界，因為我們是用心在看，用心在活，差別只是自己有沒有覺悟而已。」

為了恢復視力，塔金頓在一年內接受了十二次以上的手術。只是採取局部麻醉！他會抗拒它嗎？他知道這是必須的，無可逃避的，唯一能為此痛苦賦予意義的只有優雅地接受。

當他必須再次接受手術時，他提醒自己是何等幸運。

「多奇妙啊！」他說，「多麼奇妙，科學已進步到連人眼如此精細的器官都能動手術了。」

平凡人如果必須接受十二次以上的眼部手術，並忍受失明之苦，可能早就崩潰了。塔金頓卻說：「我不願用快樂的經驗來替換這次的體會。」他因此學會了接受。他因而相信人生沒有任何事是超過他的容忍力的，正如約翰．彌爾頓所發現的。

此次經驗教導他：「失明並不悲慘，無力容忍失明才是真正的悲慘。」

沒有一個人會有足夠的精力，一面與不可改變的事實抗爭，一面又有餘力去開創新生活。因此，你只能二選一。在人生不可抗拒的衝擊下，你如果不能彎腰，那就只有折斷了。

卡內基在密蘇里州的農莊上也經歷過類似的事。他對別人這樣說：

我在農莊上種了很多樹，開始時，他們生長得很快。接著遇到一場風雪，樹枝上壓了很厚的雪，這些樹枝拒絕負重，卻因傲然撐直而折斷了——結果無法生存。

它們沒有寒帶森林的智慧。我在加拿大旅行數百里，看過許多常綠植物。卻從沒見過一棵樅樹或松樹因為冰雪而斷裂的。這些常綠植物知道如何壓彎自己的枝條，如何與不可改變的現實配合。

柔道大師通常告誡學生應如「柳條般柔順」，而不要像「橡樹般堅挺」。

你的汽車輪胎爲何耐磨負重，你知道嗎？剛開始，輪胎製造商想要製造出可以抵抗路面震動的輪胎，結果都破碎了。後來他們製造可以吸收震動的輪胎，終於吃得住。我們如果學會順應人生的坎坷，就能活得更長久更順利。

如果我們以抗拒代替接受，會有什麼後果？如果我們不像楊柳一般輕柔，卻偏像橡樹一樣直挺，會有什麼結果？這問題很容易回答，就是會引起我們內心的衝突，我們將擔憂、緊張、神經質。

如果我們還繼續反抗現實，退縮到自創的夢想世界，我們終必瘋狂。

歷史上最有名的死亡，除了受難的基督外，就是蘇格拉底。相信千秋萬世之後，人們還是會欣賞柏拉圖的不朽敘述——那是一篇絕妙動人的文章。

雅典市內的一小撮人——羨慕與嫉妒蘇格拉底的人——控告蘇格拉底，他受了審，並被判死刑。當和善的獄卒把毒藥交給蘇格拉底時，他說：「請輕飲這必飲的一杯吧！」

蘇格拉底果然如此，他平靜柔順地面對死亡，顯示出了他高貴的一面。

說這句話的時候，是耶穌誕生的前三九九年，但是今天這個紛擾的世界似乎更需要這句話：

「請輕飲這必飲的一杯吧！」

◆人生苦短，很多事情不可避免。當你確知避無可避，何不微笑著面對一切呢！

3 懂得有效地自我控制

戴爾·卡內基智慧金言

- 人們無法驅逐屋裏的黑暗，然而，只要讓光亮進來，黑暗便自然消失了
- 人應該能像調節水溫一樣地調節自己的思想。積極的思想一經佔據你的心頭，消極的思想就會退去

真正偉大的人往往都能主宰自己的性情，統治自己的心靈。富有化學性心靈的人——也就是善於管理自己情緒的人，能夠消滅憂慮，解除煩悶，正如同化學家以鹼性來中和酸性一樣。

不懂化學的人就不知道中和的道理，醋溶在別的酸性液體中，不但不能獲得中和，反使藥性更濃。化學家們都知道各種酸性的作用，以及和其他化合物溶解後的效用。

因此，一個具有化學性心靈的人，他知道如何用快樂的解毒藥來消除沮喪的神志、憂鬱的思想。他知道用樂觀的思想可以消除悲觀的思想，用和諧的思想可以解決偏激的思想；用友愛的思想可以淘汰仇恨的思想。由於他懂得種種管理自己情緒的方法，他心靈上便不會受種種痛苦。

很多人對於自己思想上的種種苦悶和煩惱，沒有辦法來消除，因爲他不知心靈上的化學原理。

任何人都會面臨心靈上的苦悶，不過到了一定時期，人應該以理性的力量來引導自己，用適當的消毒藥來解除心靈上的各種苦悶。

心中充滿了悲觀、偏激、仇恨的思想時，就要立刻轉到相反的思想上，這樣便會產生樂觀、和諧、友愛的思想，好比把冷水管的龍頭一開，沸水便會立刻降低溫度。

人應該能像調節水溫一樣調整自己的思想，在水太熱的時候就要把冷水管的龍頭打開。如果在怒氣填膺的時候，要立刻轉變到友愛和平的思想上，這樣怒氣就自然消除了。有了友愛的思想，仇恨就不會存在；有了愛人如己的思想，便會消除妒忌和報復的惡念。

大部分人不知道以善美的思想來替代惡念，他們認為只要把惡念驅逐就可以了，他們不知道，用善美的思想來驅逐惡念將會更有效。

人們無法驅逐屋裏的黑暗，然而，只要讓光亮進來，黑暗便自然會消失。

許多人以為思想只是影響著腦神經，其實不全都是這樣。生理學家發現在盲人的手指頭上，有著熟練的神經質。不少盲人有一種驚人的技藝，如能辨識織品精粗，甚至顏色的濃淡深淺，這可證明思想並不全限於腦神經。

人的身體由十二種不同的細胞組成，如腦細胞、骨細胞、肌肉細胞等。而健康全都賴於各種細胞的健全。身體上的無數細胞，都有著密切的聯繫。有害於一個細胞的，就有害於全身的細胞；有益於一個細胞的，也就有益於全身的細胞。每個細胞健康還是不健康，有生命還是遭到死亡，都與人的思想有非常密切的關連。

生理學家的實驗表明，**一切邪惡的思想皆有損於人身的細胞**。由於激怒而使神經系統受的損傷，有時要費上數星期才能恢復原狀。無數的實驗證明，一切健全、愉悅、和諧、友愛的思想，都有益於全身的細胞，有益於增進細胞的活力。至於相反的思想，如偏激、絕望、悲傷等，都有損於細胞的活力。

科斯教授做了一項實驗，證明憤怒和憂鬱的情感有損於身體的和諧；而快樂的情感有滋養細胞和再生細胞的力量。

科斯教授說：「不良的情感，對於人體的肌肉，有著相應的化學作用。良好的情感對人生有著全面的有益的影響。腦神經中的每一個思想，都因細胞的組成而更改，而這種更改是屬於永久的。」

對於水來說，沒有一種污染是不能經由化學的方法來提純。同樣，沒有一種污濁、鄙陋的思想不能由健康的思想、正確的思想來肅清。偏激、悲觀、不和諧都是思想的病症，而只有真實、美滿、樂觀的思想，才會提高人生的價值。

◆只有學會自我控制，才能愉快地度過每一天。一旦一個人有了健康的思想，那不健康的思想就無立足之地，因為健康的思想和不健康的思想是勢不兩立、水火不相容的。

4 以冷靜的行動保持心緒的平衡

戴爾・卡內基智慧金言

- 外在的具體行動會引導心態的方向
- 保持自己行動舒緩有序，心靈的活動才能更加靈活敏銳，身體也必會健康協調

絲絲煩惱就擾了多少人的清靜，損害了他們的健康，甚至無情地奪走他們的生命。擺脫煩惱成爲很多人一生的追求。要鎮定煩亂的情緒，控制欲暴的心頭，可以運用外在具體的行動以達到目的。

具體而言，就是不可用力地踩踏地板，不要大聲地說話，更要避免握緊拳頭或拍手，須知人往往會因身體上過度用力或興奮而燃起不安的情緒，一旦達到沸騰時就極易瘋狂，所以心情飛躍之時，就應停止身體的動作，靜坐下來，降低音調，自然而然，火一樣的心頭就會逐漸穩定。因爲肉體活躍的動作會很敏感地反應到大腦，影響正常的思考運作，所以必須先鎮定肉體的一切活動，人的心才會相對的冷靜下來。換句話說，外在具體的行動會引導心態的方向。

有一次卡內基參加一個討論會，會議進行到中途竟變成了一場火爆的激辯，與會人員的情緒高漲不安，每一個人的表情都是急躁而焦慮，彼此以銳利的言詞相對抗。

突然之間，有位男士站起來，悠然地脫掉上衣，打開領帶，並隨勢躺在了椅子上。有人不解地問他是否覺得身體不適？

「不，」他回答說，「我想我的身體狀況很好，不過我開始冒火了，只有躺下來才能消消氣。」

說完滿室哄堂大笑，一時之間，原先緊張的氣氛緩和了下來。

這位淘氣的先生說：「我只不過是開了個小玩笑，讓大家解解火氣。」

事後他對卡內基表示，他以前是個易怒暴戾的人，一旦脾氣上來就會握緊雙拳狂聲怒吼，所以一面臨這種場面時，他就試著伸直手指，壓低高亢的聲調，這樣一來，滿腔怒火就會熄滅。

最後他微笑著說：「溫柔和諧的聲音是討論致勝的最佳利器，對不?!」

假如感情如平波靜水一般，那麼焦灼的火氣就可以消失，這樣不但節省了精力，還可預防疲倦，進而使人動作遲緩有序，成爲一個有涵養氣質的人。

當然，這並不是鼓勵去除敏銳的感受性，只是告訴大家保持自己行動舒緩有序，心靈的活動才能更加靈活敏銳，身體也必會健康協調。

下列四種技巧是卡內基從經驗中體會出來的，每當情緒激動無法平靜時，卡內基常會運用這四種技巧，且獲得了極佳的效果。

(1)放鬆全身，將背部挺直，靠背靜坐——首先讓你的身體完全地靠在椅子上，用心放鬆全身的筋骨，從頭到腳趾都處於無力的狀態，而後念道「我的腳趾、手指、臉部肌肉都已疲憊了」，以確認自己真的輕鬆舒坦。

(2)想像自己的靈魂是平靜的水面——安靜地想像靈魂是無波無浪的水鏡。假如心中翻攪如狂風巨浪，又怎能得到平靜呢？

(3)回想曾經欣賞過的優美風景，例如籠罩於夕陽中的山嶽、晨光裏的峻谷，或是河上月光之類的影像，讓它們恣意迴旋於胸口。

(4)以緩慢而感性的口吻說些祥和的話語，例如「很靜呀」、「怡人」、「平緩」等，並一再重複。

◆將各種技巧融入你的生活中，不斷堅持，那麼你的火氣與焦慮就會隨之消失，一股新生命的活力也會如泉水一般流入心中，帶來無窮的鬥志與向上的勇氣，使你更加珍愛生命。

5 活在今天的方格中

戴爾·卡內基智慧金言

- 對我們來說最重要的，就是不要去看遠方模糊的事，而要做好手邊清楚的事
- 思考明天是必要的，但是，切勿為明天焦慮

一八七一年春天，有一個年輕人看到一本書，讀到了對他的前途產生莫大影響的一句話。

這使他頓時高興起來。他是蒙特瑞綜合醫院的醫科學生，他此時的生活正充滿了各種憂慮：擔心怎樣通過期末考試？擔心畢業以後該到哪裡去？怎樣才能開業？怎樣才能生活？等等。

這位年輕的醫科學生名叫威廉．奧斯勒，他在一八七一年所看到的那一句話，使他成為他那一代最為著名的醫學家，促使他創建了全世界知名的約翰．霍普金斯醫學院，並且成為牛津大學醫學院的欽定講座教授——這是大英帝國學醫的人所獲得的最高榮譽。

他還被英國國王封為爵士。他無憂無慮地過了一生。

下面就是他在一八七一年春天所看到的那句話。這句話出自湯瑪士．卡萊里：

「對我們來說最重要的，就是不要去看遠方模糊的事，而要做手邊清楚的事。」

四十二年之後，在鬱金香開滿校園的一個溫和的春夜，威廉．奧斯勒爵士給耶魯大學的學生作了一次演講。

他對那些耶魯大學的學生們說，像他這樣一位曾在四所大學當過教授，並且寫過一本很受歡迎的書的人，似乎應該有一顆「特殊的頭腦」，但其實並不是這樣。他說他的一些好朋友都知道，其實他的腦筋是「最普通不過了」。

那麼，他成功的秘訣又是什麼呢？他認為這完全是因為他生活在「一個完全獨立的今天」。

他這句話究竟是什麼意思呢？

就在奧斯勒爵士去耶魯大學演講的幾個月之前，他搭乘一艘大型海輪橫渡大西洋，有一次看見船長站在船舵室中，按下一個按鈕，立即聽到發出一陣機械運轉的聲音，輪船的幾個部分立刻彼此隔絕開來，成了幾個完全防水的隔離艙。

「你們每一個人，」奧斯勒爵士對那些耶魯大學的學生說，「都要比那條大海輪精美得多，所要走的航程也更遠得多。你們也必須學習那位船長，知道怎樣控制一切，你們要活在一個『完全獨立的今天』，這才是在航程中確保安全的最好方法。精力的浪費、精神的鬱悶，都會緊緊跟隨著一個為未來擔憂的人……那麼，把船前船後的隔離艙都關掉吧，準備養成一個良好習慣，生活在『完全獨立的今天』。」

奧斯勒博士是不是要求我們不必爲明天而學習呢？不是，絕對不是這樣的。在那次演講裏，他就繼續說：**「為明日做準備的最好方法，就是集中你所有的智慧和熱**

誠，把今天的工作做得盡善盡美，這就是你能應對未來的唯一方法。」

一定要爲明天著想——不錯，一定要仔細地考慮、計畫和準備，但不要擔憂。

最近，卡內基訪問了亞瑟．蘇茲柏格，他是世界上最著名的《紐約時報》的發行人。

蘇茲柏格先生告訴卡內基，當第二次世界大戰的戰火燃燒到歐洲的時候，他非常吃驚，對未來充滿了憂慮，使得他幾乎無法入睡。他會常常在半夜爬起床，拿著畫布和顏料，對著鏡子，想給自己畫一張自畫像。

儘管他對繪畫一無所知，但他還是畫著，以此來穩定自己的情緒。蘇茲柏格先生告訴卡內基，他最後是因為一首讚美詩裏的一句話才消除了他的憂慮，使他得到了平安。

這一句話是：「只要一步就好。」這個「一步」，就是今天，現在所需要做的。

卡內基認爲人性之中最可悲的一件事，就是我們所有的人都拖延著不去生活，都夢想著在天邊有一座奇妙的玫瑰園，而不能欣賞今天就開放在我們窗口的玫瑰花。

但丁說：「想一想，這一天永遠不會再來了。」生命正在以令人難以置信的速度飛速流逝，我們在空間上正在以每秒十九里的速度跑過，但今天才是我們最值得珍惜的，也是我們唯一能真正把握的時間。

◆對於憂慮，你所應該知道的第一件事就是，如果你不希望它干擾你的生活，就要學習威廉．奧斯勒爵士——「用鐵門把過去和未來隔斷，生活在完全獨立的今天」。

6 保持忙碌，驅除焦慮

戴爾・卡內基智慧金言

- 無論才智多麼聰穎的人，他的心裏一次也容不下兩件事情
- 治療憂慮的最好方法，就是保持忙碌，讓你的身心一直忙於工作

卡內基永遠忘不了班上有一位學員道格拉斯的故事，他告訴我們他家庭發生的悲劇，不是一次，而是連續的打擊。

第一次打擊是他們夫婦鍾愛的五歲女兒去世了，他們幾乎不能承受這樣的失落。可是，他又告訴我：「十個月後，上天恩賜我們另一個小女兒，她只活了五天。」

這第二次的打擊差不多完全擊垮了他。這位父親說：

「我無法接受，我睡不著、吃不下，不能放鬆自己獲得休息。我神經脆弱，喪失信心。」

最後他只有去求助於醫生，一位醫生建議他服用安眠藥，另一位勸他去旅行。他全部試過，卻都無效。

「我覺得有一副鉗子夾緊了我，而且是越夾越緊。」這股悲痛帶來的壓力，只有經歷過的人才能體會。

「還好，感謝上蒼，我還有一個兒子——一個四歲的兒子，他無意中幫我解決了問題。一天下午我沉浸在自憐的情緒裏，他問我，『爸爸，幫我做一艘船好嗎？』我實在沒有做船的心情，事實上，我沒心情做任何事情。不過，我兒子是個倔強的小傢伙，我只有隨他！

「做那艘玩具船花了我三個小時，完工時，我發現那幾個鐘頭竟讓我這幾個月來心裡第一次感到輕鬆與平靜！

「這個發現引發我作了一些思考——也是幾個月來第一次思考。我發現當你忙於需要計畫及思考的工作時，不容易憂慮。像我，在做那艘船時就將憂慮從心中擠出去了。因此我決定保持忙碌。

「第二天晚上，我檢視每一個房間，找出應做的工作，列了一張工作單，有一堆東西需要修理！書架、樓梯、擋風板、風簷、手把、門鎖、水管。看起來實在壯觀，兩周內我開出了一張兩百四十二項的待修工作單。

「過去兩年內，我完成了大部分工作，也在我的生活內安排了一些有意思的活動。每週有兩個晚上我去紐約市參加成人教育班，我一直參加小鎮上的居民活動，目前又擔任學校董事會主席。我出席各種會議，我為紅十字會及其他活動募款。我現在忙得無暇憂慮。」

沒時間煩惱！那正是邱吉爾的名言。

二次大戰戰事方酣，邱吉爾一天工作十八個小時，有人問他責任如此艱巨，是否令他煩惱，他的回答是：「我太忙了，哪有時間去煩惱！」

爲什麼保持忙碌這麼簡單的一件事就能驅除焦慮呢？因爲心理學中最基本的定律之一就是：無論才智多麼聰穎的人，他的心裏一次也容不下兩件事情。

我們的情緒也有類似的狀況，我們不可能一面很熱忱興奮地去做某件事，同時又非常煩惱，情緒低落。一種情緒會將其他情緒驅逐出去。

當我們工作或忙碌時，似乎不難忘記煩惱，但是下班後的時間卻是危險的。當我們休閒時，通常應該是快樂的時光，卻正是憂慮這小魔鬼侵襲我們的時候。我們開始懷疑人生有什麼意義，生活是否一成不變，今天老闆批的公文是否另有用意，或者我們是否不再有吸引力了。

當我們空閒時，我們的心境也近乎真空。學物理的人都知道「真空是違反自然的狀態」。你我所見過最近乎真空的東西是燈泡。打破燈泡，空氣自然會立即湧入並佔領所有的空間。

因此心境的空間同樣需要被占滿。用什麼去占滿它呢？通常都是情緒，因爲憂慮、恐懼、憎恨、嫉妒、羨慕都是原始的情緒，它們是如此強大有力，能將我們心中平安、快樂的思想與情緒驅除殆盡。

哥倫比亞師範學院教育學教授穆塞爾說得很好：「憂慮從不會在你行動時侵襲你，而總是在你閒暇時進攻。假如你開始天馬行空，想到各種可能性，擴大任何蛛絲馬跡，你的心境就會像空轉的馬達，終將自我毀滅。治療憂慮的最好方法就是去忙一些建設性的事。」

不過即使不是大學教授，也能體會到這一點而且身體力行。

二次大戰期間，卡內基遇到一位芝加哥來的家庭主婦，她告訴他她是怎麼發現「做一些建設性的事可以治療憂慮」的。他是在紐約到密蘇里的火車餐車上遇到她和她先生的。

他們告訴他，他們的兒子在珍珠港事變的第二天入了伍。這位母親為她的獨子憂慮得幾乎崩潰，他現在在哪裡？他安全嗎？他上戰場了嗎？他會不會受傷，甚至為國捐軀？

卡內基問她如何克服她的憂慮。

她的回答是：「儘量使自己忙碌。」她先辭退了女傭，開始處理所有的家務以保持忙碌。不過似乎沒有太大的改善。她的問題是，做家事不用花心思，往往一面整理床鋪，一面憂慮。最後她發現，她需要的是能讓她從早到晚身心忙碌的工作，於是就到百貨公司去當售貨員。

她說：「果然有效，我發現自己立即捲入一陣忙亂，顧客圍著我，問價錢，找尺碼、顏色，沒有一秒鐘能想到別的事，到了晚上，我只想讓我酸痛的兩腳休息下來。一吃完晚餐，我就上床，立即睡得人事不知。我既沒有時間也沒有精力再去憂慮。」

原來，她自己發現了包威士在其著作《遺忘的藝術》中所言：「人類在工作時可得到一份安全感，內心深處的平靜與快樂確實具有撫慰人心的力量。」

當我們憂慮的時候，不要忘記古老的解憂良藥，那就是工作。卡博醫生以前是哈佛大學的臨床醫學教授，他在他的著作《何以爲生》中說：「作爲醫生，看到工作能治癒許多人因懷疑、恐懼、猶豫而受苦的心靈，給我帶來了無窮的快樂……工作帶給人們的勇氣，正如美國哲學家愛默生提出自強的觀念同樣永垂不朽。」

如果你我不能保持忙碌，而常無所事事，憂慮與恐懼就會像神話中的小妖精，摧毀我們行動和思想的能力。

蕭伯納是對的！他說過：「悲慘的人生，起因於有餘暇煩惱自己過得是否快樂。」所以，千萬不要去想那件事！摩拳擦掌忙碌去吧！你的血液循環加快了，你的心力開始集中，很快地，這種正面向上的生命力就會把煩惱從你的心中驅除。

◆開始忙碌，並保持忙碌，這是世界上最價廉物美的良藥。只要你珍用這份良藥，就會贏來心靈的寧靜。

7 不為小事而垂頭喪氣

戴爾・卡內基智慧金言

- 再小的事情也會為我們帶來煩惱，讓我們身心俱疲
- 不要讓自己為些須小事煩惱，當謹記：「人生苦短，豈容卑微？」

我們通常都能很勇敢地面對生活中的重大危機，可是卻會被那些小事情搞得焦頭爛額。

芝加哥的約瑟夫・沙馬士法官在仲裁過四萬多件不愉快的婚姻案件之後說：「婚

姻生活之所以不美滿，根本原因通常都是一些細小事情。」

紐約郡地方檢察官吉法蘭克·荷根也說：

「在我們的刑事案件裏，有一半以上都是由於一些很小的事情引起的：在酒吧裏逞英雄，爲一些小事情而爭吵；講話侮辱人，措辭不當，行爲粗魯等等。就是這些小事情，結果引起了傷害和謀殺。很少有人真正天性殘忍，即使那些犯了大錯的人，也都是因爲自尊心受到了小小的損害，或受到一些小小的屈辱，或虛榮心得不到滿足，結果造成了世界上半數令人傷心之事。」

在大多數時間裏，要想克服由小事情所引起的困擾，只需把看法和重點轉移一下就可以了——那就是讓你有一個新的、能使你開心的看法。

卡內基的朋友荷馬·克羅伊，是一個作家，寫過幾本書。

荷馬·克羅伊以前寫作的時候，總是被紐約公寓熱水燈的響聲吵得發瘋。因為蒸氣會砰然作響，然後又是一陣雜響聲。他聽到之後會坐在書桌前氣得直大叫。

「後來，」荷馬·克羅伊說，「有一次我和幾個朋友一起出去露營時，我聽到了木柴燒得很響的聲音，我突然想到這些聲音多麼像熱水燈的響聲，但我為什麼會喜歡這個聲音，而討厭那個聲音呢？回到家以後，我對自己說：

『火堆中木頭的爆裂聲很好聽，熱水燈的聲音也差不多，我應該埋頭就睡，不必理會這些噪音。』

結果，我真的做到了，頭幾天我可能還會注意熱水燈的聲音，可是不久我就完全忘了這事。」

很多其他的小憂慮也是一樣，因爲我們不喜歡，結果弄得整個人都很頹喪，而這正是因爲我們誇大了那些小事的重要性……

狄斯累利曾說過：**「生命如此短暫，不能再只顧小事。」**

「這些話，」安德列．摩瑞斯在《本周》雜誌中說：「曾經幫我熬過了很多很痛苦的經歷。我們常常會因爲一些小事情、一些本應該不屑一顧的小事情弄得心煩意亂……我們活在這個世上只有短短的幾十年，而我們卻浪費了許多不可挽回的時間，去爲一些在一年之內就會被所有人忘了的小事而發愁。不要這樣！讓我們只去實踐那些值得做的行動和感覺，去想偉大的思想，去經歷真正的感情，去做必須做的事情。因爲生命如此短暫，不該再想那些小事。」

在科羅拉多州長山的山坡上，躺著一棵大樹的枯枝殘軀。自然學家告訴我們，它有四百多年的歷史。它最初發芽的時候，哥倫布才剛剛登陸美洲；第一批移民來到美國的時候，它才長了一半大。

在它漫長的生命歷程裏，曾經被閃電擊中過十四次，四百年來，無數的狂風暴雨侵襲過它，它都能戰勝。但是在最後，來了一小隊甲蟲，使它躺倒在地上——那些甲蟲從根部往樹裏面咬，漸漸傷了樹的元氣，而它們就只靠細小而持續不斷的攻擊。

這樣一個森林巨人，歲月不曾使它枯萎，閃電不曾將它擊倒，連狂風暴雨都不能傷著它，卻因為一小隊大拇指和食指就可以捏死的小甲蟲而倒了下來。

我們豈不都像森林中的那棵身經百戰的大樹嗎？我們也經歷過生命中無數次狂風暴雨和閃電的打擊，但都挺過來了。可是我們卻會被心中憂慮的小甲蟲咬噬——那些用大拇指和食指就可以捏死的小甲蟲會損害我們。

◆小事情帶來小憂慮，小憂慮可以匯成大憂慮，終將人摧垮。正視小事吧，不要因小事而垂頭喪氣。

第三章
克服憂慮的最佳良方

1 亞里斯多德的法則

戴爾・卡內基智慧金言

- 如果我們將憂慮的時間，用來尋找解決問題的答案，那憂慮就會在我們智慧的光芒下消失
- 一旦作出決定，當天就要付諸行動，同時要完全不理會責任問題，也不必擔心後果

當你面對憂慮時，應該怎麼辦呢？答案是，一定要學會用下面三個分析問題的基本步驟來解決各種不同的困難。這三個步驟是：

(1)弄清事實；

(2)分析事實；

(3)達成決定——然後依此行事。

這是亞里斯多德所教的方法，他也使用過。我們如果想解決那些逼迫我們、使我們日夜像生活在地獄裏一樣的問題，我們就必須運用這幾個步驟。

我們先來看看第一步：弄清事實。

弄清事實爲什麼如此重要呢？因爲如果我們不能把事實弄清楚，就不能很明智地解決問題。沒有這些事實，我們就只能在混亂中摸索。

這是已故的哥倫比亞大學哥倫比亞學院院長赫伯特·郝基斯曾經幫助過二十多萬個學生解決憂慮的問題。

他說，世界上的憂慮，一大半是因為人們沒有足夠的知識來作決定而產生的。他告訴卡內基說：

「混亂是產生憂慮的主要原因。比方說，如果我有一個必須在下週二以前解決的問題，那麼在下週二之前，我不會去試著作什麼決定。在這段時間裏，我只集中全力去搜集有關這個問題的所有事實。我不會發愁，我不會為這個問題而難過，我不會失眠，只是全心全力去搜集所有的事實。等星期二到來之時，如果我已經弄清了所有的事實，一般說起來，問題本身就會迎刃而解了。」

卡內基問郝基斯院長，這是否說他可以完全排除憂慮？

「是的，」他說，「我想我可以老實說，我現在的生活完全沒有憂慮。我發現，如果一個人能夠把他所有的時間都花在以一種十分超然、客觀的態度去找尋事實的話，他的憂慮就會在知識的光芒下消失得無影無蹤。」

的確，當一個人對事情了然於胸時，自當信心百倍，絕不會有絲毫憂煩。可是我們大多數人怎麼做呢？如果我們去考慮事實——愛迪生曾鄭重其事地說：「一個人爲了避免花工夫去思想，常常無所不用其極。」——如果我們真的去考慮事實，我們通常也只會像獵狗那樣，去追尋那些我們已經想到的，而忽略其他的一切。我們只需要那些能夠適合於行動的事實——符合於我們的如意算盤，符合於我們原有偏見的事實。

正如安德列·馬羅斯所說：**「一切和我們個人欲望相符合的，看來都是真理。其**

他的，就會使我們感到憤怒。」

難怪我們會覺得，要得到問題的答案是如此困難，如果我們一直假定二加二等於五，那不是連做一個二年級的算術題目都會有問題嗎？可事實上，世界上就有很多很多的人硬是堅持說二加二等於五——或者是等於五百——弄得自己跟別人的日子都很不好過。

關於這一點，我們能怎麼辦呢？

我們得把感情排除於思想之外，就像郝基斯院長所說的，以一種「超然、客觀」的態度去弄清事實。

要在我們憂慮的時候那樣做不是一件簡單的事。當我們憂慮的時候，往往情緒激動。不過，卡內基找到了兩個辦法，有助於我們像旁觀者一樣很清晰客觀地看清所有事實：

(1)在搜集各種事實的時候，假設不是在爲自己搜集這些資料，而是在爲別人，這樣可以保持冷靜而超然的態度，也可以幫助自己控制情緒。

(2)在試著搜集造成憂慮的各種事實時，有時候可以假設自己是對方的律師，換句話說，要搜集對自己不利的事實——那些有損於自己的希望和自己不願意面對的事實。

然後要把兩方面的所有事實都寫下來——卡內基發現，真理就在這兩個極端之間。

卡內基認爲，如果不先看清事實的話，你、我、愛因斯坦，甚至美國最高法庭，也無法對任何問題作出很明智的決定。

愛迪生很清楚這一點，他死後留下了兩千五百本筆記簿，裏面記滿了有關他面臨的各種問題的事實。

所以，解決我們問題的第一個辦法是：弄清事實。讓我們仿效郝基斯院長的方法吧。在沒有以客觀態度搜集到所有的事實之前，不要去想如何解決問題。

不過，即使把全世界所有的事實都搜集起來，如果不加以分析和詮釋，對我們也絲毫沒有好處。

你不妨先把所有的事實寫下來，再做分析，事情會容易得多。事實上，僅僅在紙上記下很多事實，把我們的問題明明白白地寫出來，就可能有助於我們得出一個很合理的決定。正如查理斯·凱特林所說的：「只要能把問題講清楚，問題就已經解決了一半。」

關於第二點分析事實和第三點，達成決定——然後依此行事，讓事實來告訴你這種做法的效果吧。

中國有句古話：「百聞不如一見。」事實總是更能令人信服。蓋倫·利奇費爾德是一個非常成功的美國商人。一九四二年，日軍侵入上海，利奇費爾德正在中國，下面就是他在卡內基家做客的時候給卡內基講述的故事：

日軍轟炸珍珠港後不久，他們佔領了上海，我當時是上海亞洲人壽保險公司的經理，他們派來一個所謂的「軍方清算員」——實際上他是個海軍將領——命令我協助他清算我們的財產。

這種事，我一點別的辦法也沒有，要麼就跟他們合作，要麼就算了，而所謂算了，也就是死路一條。

我只好遵命行事，因為我無路可走。不過，有一筆大約七十五萬美金的保險費，我沒有填在那張要交出去的清單上。我之所以沒有把這筆保險費填進去，是因為這筆錢屬於我們的香港公司，跟上海公司的資產無關。不過，我還是怕萬一日本人發現了這件事，可能會對我非常不利。他們果然很快就發現了。

當他們發現的時候，我不在辦公室。不過我的會計主任在場。他告訴我說，那個軍官大發脾氣，拍桌子罵人，說我是個強盜，是個叛徒，說我侮辱了日本皇軍。

我知道這是什麼意思，我知道我會被他們關進憲兵隊去。當時我怎麼辦呢？如果我沒有可以解決問題的方法，我一定會嚇壞了。

多年來，每次我擔心的時候，我總坐在我的打字機前，打下兩個問題，以及問題的答案：

(1)我擔心的是什麼？

(2)我能怎麼辦呢？

所以，在那個星期天的下午，我直接回到上海基督教青年會我住的房間，取出我的打字機。我打下：

(1)我擔心的是什麼？

我怕明天早上會被關進憲兵隊裏。

(2)我能怎麼辦呢？

我花了幾個鐘頭去想這個問題，寫下了四種我可能採取的行動，以及每一種行動可能帶來的後果。

1. 我可以嘗試著去跟那位日本海軍將領解釋。可是他「不會說英語」，若是我找個翻譯來跟他解釋，很可能會讓他火起來，那我可能就是死路一條了，因為他是個很殘酷的人，我寧願被關在憲兵隊裏，也不願去跟他談。

2.我可以逃走。這點是不可能的，他們一直在監視著我，如果逃走的話，很可能被他們抓住而槍斃掉。

3.我可以留在我的房間裏，不再去上班。但如果我這樣做的話，那個日本海軍將領就會起疑心，也許會派兵來抓我，根本不給我說話的機會，而把我關進憲兵隊裏。

4.我可以照常到公司去上班。如果我這樣做的話，很可能那個日本海軍將領正在忙著，而忘掉我那件事情。即使他想到了，也可能已經冷靜下來，不會來找我麻煩。要是這樣的話，我就沒問題了。甚至即使他還來煩我，我仍然還有個機會去向他解釋，所以應該像平常一樣，在禮拜一早上到辦公室去。

等我把所有事情都想過，決定採取第四個計畫——像平常一樣，禮拜一早上去上班——之後，我覺得大大地鬆了一口氣。

第二天早上我走進辦公室的時候，那個日本海軍將領坐在那裏，嘴裏叼根香菸，像平常一樣地看了我一眼，什麼話也沒說。

六個禮拜以後——謝天謝地，他被調回東京去了，我的憂慮就此告終。

◆憂慮令人不安。當你憂慮纏身時，只要按照亞里斯多德的方法，弄清事實，分析事實，然後作出決定，並且付諸實施，就可以解除憂慮。

2 把心裏的話說出來

戴爾・卡內基智慧金言

- 只要一個病人能夠說話——單單說出來，就能夠解除他心中的憂慮
- 不要為別人的缺點過於操心
- 今晚上床之前，先安排好明天工作的程序

一年秋天，卡內基的助手坐飛機到波士頓參加一次世界性的最不尋常的醫學課程。是醫學嗎？不錯。這個課程每週舉行一次，參加的病人在進場之前都要進行定期和徹底的身體檢查。可是實際上，這個課程是一種心理學的臨床實驗，雖然課程正式

的名稱叫做應用心理學，其真正的目的卻是治療一些因憂慮而得病的人，而大部分病人都是精神上感到困擾的家庭主婦。

這種專門爲憂慮的人所準備的課程是怎麼開始的呢？

一九三〇年，約瑟夫．普拉特博士——他曾是威廉．奧斯勒爵士的學生——注意到，很多到波士頓醫院來求診的病人，生理上根本沒有毛病，可是他們卻認為自己有那種病的症狀。有一個女人的兩隻手，因為「關節炎」而完全無法使用，另外一個則因為「胃癌」的症狀而痛苦不堪。其他有背痛的、頭痛的，常年感到疲倦或疼痛。她們真的能夠感覺到這些痛苦，可是經過最徹底的醫學檢查之後，卻發現這些女人沒有任何生理上的疾病。很多老醫生都會說，這完全是出於心理因素——「病在她的腦子裏」。

可是普拉特博士卻瞭解，單單叫那些病人「回家去把這件事忘掉」不會有一點用處。他知道這些女人大多數都不希望生病，要是她們的痛苦那麼容易忘記，她們自己早就這樣做了。那麼該怎麼治療呢？

他開這個班，雖然醫學界的很多人都深表懷疑，但卻有意想不到的結果。從開班以來，十八年裏，成千上萬的病人都因為參加這個班而「痊癒」。有些病人到這個班上來上了好幾年的課——幾乎就像上教堂一樣的虔誠。

卡內基的那個助手曾和一位前後堅持了九年並且很少缺課的女人談過話。

她說當她第一次到這個診所來的時候，她深信自己有腎臟病和心臟病。她既憂慮又緊張，有時候會突然看不見東西，擔心失明。可是現在她卻充滿了信心，心情十分愉快，而且健康情形非常良好。

她看起來只有四十歲左右，可是懷裏卻抱著一個睡著的孫子。「我以前總為我家裏的問題煩惱得要死，」她說，「幾乎希望能夠一死了之。可是我在這裏學到了憂慮對人的害處，學到了怎樣停止憂慮。我現在可以說，我的生活真是太幸福了。」

這個班的醫學顧問羅斯·希爾費丁醫生認爲，減輕憂慮最好的藥就是「跟你信任的人談論你的問題，我們稱之爲淨化作用」。她說：「病人到這裏來的時候，可以儘量地談她們的問題，一直到她們把這些問題完全趕出她們的腦子。一個人悶著頭憂慮，不把這些事情告訴別人，就會造成精神上的緊張。我們都應該讓別人來分擔我們的難題，我們也得分擔別人的憂慮。我們必須感覺到世界上還有人願意聽我們的話，也能夠瞭解我們。」

卡內基的助手親眼看到一個女人在說出她心裏的憂慮之後，感到一種非常難得的解脫。她有很多家事的煩惱，而在她剛剛開始談這些問題的時候，就像一個壓緊的彈簧，然後一面講，一面漸漸地平靜下來。等到談完了之後，她居然能面露微笑。這些困難是否已經得到了解決呢？沒有，事情不會這麼容易的。她之所以有這樣的改變，是因爲她能和別人談一談，得到了一點點忠告和同情。真正造成變化的，是具有強而有力的治療功能的語言。

就某方面來說，心理分析就是以語言的治療功能爲基礎。從佛洛伊德時代開始，心理分析家就知道，只要一個病人能夠說話——單單只要說出來，就能夠解除他心中的憂慮。爲什麼呢？也許是因爲說出來之後，我們就可以更深入地看到我們面臨的問題，能夠找到更好的解決方法。沒有人知道確切的答案，可是我們所有的人都知道「吐露一番」或是「發發心中的悶氣」，就能立刻使人覺得暢快得多了。

下一次再碰到什麼情感上的難題時，何不去找個人來談一談呢？當然並不是，隨便到哪裡抓一個人，就把自己心裏所有的苦水和牢騷說給他聽。

我們要找一個能夠信任的人，跟他約好一個時間，也許找一位親戚，一位醫生，一位律師，一位教士，或是一個神父，然後對那個人說：「我希望得到你的忠告。我有個問題，我希望你能聽我談一談，你也許可以給我一點忠告。也許旁觀者清，你可以看到我自己所看不見的角度。可是即使你不能做到這一點，只要你坐在那裏聽我談談這件事情，也等於幫了我很大的忙了。」

把心事說出來，這是波士頓醫院所安排的課程中最主要的治療方法。下面是我們在那個課程裏所得到的一些概念。其實我們在家裏就可以做到這些事。

(1)準備一本「供給靈感」的剪貼簿——你可以貼上自己喜歡的令人鼓舞的詩篇，或是名人格言。往後，如果你感到精神頹廢，也許在本子裏就可以找到治療方法。在波士頓醫院的很多病人都把這種剪貼簿保存好多年，她們說這等於是替你在精神上「打了一針」。

(2)不要為別人的缺點太操心——不錯，你的丈夫有很多的錯誤，但如果他是個聖人的話，恐怕他根本就不會娶你了，對不對？在那個班上有一個女人，人們發現她變成了一個專門對人苛刻、責備別人、愛挑剔，還常常拉長一張臉的妻子。當人家問她「要是你丈夫死了你怎麼辦？」的問題時，她才發現自己的短處。她當時著實吃了一驚，連忙坐下來，把她丈夫所有的優點列舉出來。

所以下一次要是你覺得你嫁錯了人，何不也試著這樣做呢？也許在看過他所有的優點之後，會發現他正是你希望遇到的那個人哩。

(3)要對你的鄰居有興趣——對那些和你在同一條街上共同生活的人，有一種很友善也很健康的興趣。有一個很孤獨的女人，覺得自己非常「孤立」。她一個朋友也沒有。有人要她試著把她下一個碰到的人作爲主角編一個故事，於是她開始在公共汽車上爲她所看到的人編造故事。她假想那個人的背景和生活情形，試著去想像他的生活怎樣。後來，她碰到別人就談天，而今天她非常的快樂，變成一個很討人喜歡的人，也治好了她的「痛苦」。

(4)今晚上床之前，先安排好明天工作的程序——在班上，他們發現很多家庭主婦，因爲做不完的家事而感到很疲勞。她們好像永遠也做不完自己的工作，老是被時間趕來趕去。爲了要治好這種匆忙的感覺和憂慮，他們建議各位家庭主婦，在頭一天就把第二天的工作安排好，結果呢？她們能完成許多的工作，卻不會感到那麼疲勞，同時還因有成績而感到非常驕傲。

(5)避免緊張和疲勞的唯一途徑就是放鬆——再沒有比緊張和疲勞更容易使你蒼老的事了。也不會再有別的事物對你的外表更有害了。我的助手，在波士頓醫院思想控制課程裏坐了一個鐘點，聽負責人保羅．詹森教授談了很多能夠放鬆的方法。在十分鐘放鬆自己的練習結束之後，我那位和其他人一起做這些練習的助手幾乎坐在椅子上睡著了。

下面就是一些可以在你自己家裏做的運動。先試一個禮拜，看看對你的外表有多大的好處：

1.只要你覺得疲倦了，就平躺在地板上，儘量把你的身體伸直，如果你想要轉身的話就轉身，每天做兩次。

2.閉起你的兩隻眼睛，像詹森教授所建議的那樣說：「太陽在頭上照著，天空藍得發亮，大自然非常沉靜，控制著整個世界——而我，大自然的孩子，也能和整個宇宙調和一致。」

3.如果你不能躺下來，因爲你正在爐子上煮菜，沒有這個時間，那麼只要你能坐在一張椅子上，得到的效果也完全相同。在一張很硬的直背椅子裏，像一個古埃及的坐像那樣，然後把你的兩隻手掌向下平放在大腿上。

4.現在，慢慢地把你的十個腳趾頭蜷曲起來——然後讓它們放鬆；收緊你的腿部肌肉——然後讓它們放鬆；慢慢地朝上，運動各部分的肌肉，最後一直到你的頸部。然後讓你的頭向四周轉動著，好像你的頭是一個足球。要不斷地對你的肌肉說：「放鬆……放鬆……」

5.用很慢很穩定的深呼吸來平定你的神經，要從丹田吸氣，印度的瑜伽術不錯，規律的呼吸是安撫神經的最好方法。

6.想想你臉上的皺紋，儘量使它們抹平；鬆開你皺緊的眉頭，不要閉緊嘴巴。如此每天做兩次，也許你就不必再到美容院去按摩了，也許這些皺紋就會從此消失了。

◆不知你是否喜歡把心裏的話說給別人聽？如果你不喜歡，那麼為了心靈的安寧，你還是改變一下自己吧，相信用不了多久你就會嘗到甜頭。

3 將憂慮減半的四個步驟

戴爾・卡內基智慧金言

・人在憂慮面前並非無能為力

・只要採取一定的步驟，自然可以減輕憂慮

如果你是一個生意人，也許你現在會對自己說：「這個標題實在荒謬，我幹這一行已經十九年了，要說有誰能知道這個答案的話，當然是我了，居然有人想要告訴我怎麼消除我生意上一半的麻煩——簡直是荒謬。」

卡內基說：「這話一點也不錯。我如果在幾年前看到這樣的標題，也會有這樣的感覺。這個題目好像能答應你很多事，但這種空口白話根本一文不值。

讓我們開誠佈公地談談吧。也許我的確不能幫你解除生意上一半的憂慮，可是我所能做到的是，讓你看看別人是怎麼做的，剩下的就要看你自己的了。」

這個故事的主角是一個活生生的人——利昂．席孟金。多年來，他一直是西蒙出版社幾個高階層單位主管之一，現在是設在紐約洛克菲勒中心的袖珍圖書公司董事長。下面就是利昂．席孟金的經驗：

十五年來，我幾乎每天花一半的時間開會和討論問題。討論我們是否該這樣或那樣，還是什麼都不管。開會時我們很緊張，在椅子上坐立不安，在辦公室裏走來走去，彼此辯論，不停地繞著圈子。

到了晚上，我會弄得精疲力竭。我原以為我這輩子大概就只能這個樣子了，而且一直這樣做了十五年，並不覺得應該有更好的辦法。如果有人告訴我可以減去那些花在會議上時間的四分之三，即可以消除四分之三的神經緊張。我會認為他是一個睜著眼睛、咧著大嘴、不懂事的樂觀主義者。可是，我卻擬出一個恰好能做到這一點的計畫。這個辦法我已經用了八年，對我的辦事效率、我的健康和快樂來說，都帶來了意想不到的好處。

下面就是我的秘訣：

(1)我立即停止十五年來我們會議中所使用的程序——在以往，我那些很令人煩惱的同事會先把問題的細節報告一遍，最後再問：「我們該怎麼辦？」

(2)我訂下一個新的規矩——任何一個想要把問題拿來問我的人，必須先準備好一份書面報告，並在報告中回答以下四個問題：

問題一：究竟出了什麼問題？

以前我們在這種會議中通常花上一二個小時，還沒人弄清楚真正的問題在哪裡。我們常會開始討論我們的問題，卻不肯先費點時間明白地寫出我們的問題是什麼。

問題二：問題的起因是什麼？

我回顧了一下，吃驚地發現我在這種會議上浪費了很多個小時，卻沒有清楚地找出構成問題的基本要素是什麼。

問題三：這個問題能找到哪些解決方法？

在以前的會議中，總有一個人建議一種解決方法，另外一個人會跟他辯論，大家發起火來，常常講到題外去。而開完會時，還沒有找到可以解決問題的有效方法。

問題四：你建議用哪一種方法？

以往跟我一起開會的人，會花上好幾個鐘點為一種情況擔心，不斷地繞圈子，從沒有想過所有可能的解決方法，然後寫下來：這是我建議的解決方案。

現在，我的手下很少把他們的問題拿來找我了。為什麼？因為他們為了要回答上面的四個問題，他們得把所有的事實搜集起來，把他們的問題仔細加以考慮，在他們做過這些之後，他們會發現四分之三的問題都不必再來找我商量。因為最適當的解決方案，就會像麵包從烤麵包機裏跳出來一樣。即使是在那些必須跟我討論的情況下，所花去的時間也不過是以前所花的三分之一，因為討論的過程非常有秩序而符合邏輯，最後都能得到很明智的結論。

現在，辦公室裏不會有人再花那麼多的時間去擔心、去討論出了什麼問題，而會以更多的行動來解決問題。

法蘭克·貝特吉爾是美國最了不起的保險業鉅子。他告訴卡內基，他不僅減少了生意上的憂慮，而且收入倍增，所使用的也是類似的方法。以下是他給卡內基講述的故事：

很多年以前，我剛開始推銷保險的時候，對自己的工作充滿了無限的熱誠和喜愛。然後發生了一點事情，使我非常氣餒。我開始看不起我的工作，甚至想放棄。我幾乎都要辭職了——可是我突然想到一件事。在一個星期六的早晨，我坐下來，想找出我憂慮的根源所在。

(1)我首先問自己：「問題到底是什麼？」我的問題是：我訪問過那麼多的人，可是業績並不夠好。我似乎跟那些潛在的顧客都交談得很好，可是到最後快要成交的時候，那位顧客就會跟我說：「啊！我要再考慮考慮。貝特吉爾先生，什麼時候再來時再說吧。」於是我又要再去找他，浪費掉不少的時間，使我覺得很頹喪。

(2)我問自己：「有什麼可能的解決辦法？」可是要得到問題的答案，我一定得先研究以前的事實。我拿出過去十二個月以來的記錄，仔細看看上面的數字。

結果。我有一個非常驚人的發現，就在本上，白紙黑字寫得很明白。

我發現我所賣的保險裏，有七成是在第一次見面就成交的；另外有百分之二十三是在第二次見面的時候成交的；還有百分之七是在第三、第四、第五次……才成交。這些東西，讓我覺得很難過、很浪費時間。換句話說，我的工作時間，幾乎有一半都浪費在實際上只有百分之七的業務上。

（3）「那麼答案是什麼呢？」答案很明顯，我立刻停止第二次以後的所有訪問，把空出來的時間拿來尋找新的顧客。結果真是令人難以相信：在很短的時間裏，我就把平均每一次賺二點八元的業績提高到四點二七元。

法蘭克・貝特吉爾是美國最著名的人壽保險推銷員，每年接進來的保險業務都在一百萬美元以上。可是他曾經一度想放棄他所從事的職業，幾乎就要承認失敗。結果呢？分析問題使他步上了成功之路。

◆將憂慮減半的四個步驟是被很多人驗證過的好方法。如果你想擺脫憂慮，那麼不妨先從這一半做起。

4 用祈禱的方式解脫煩惱

戴爾．卡內基智慧金言

- 只要我們祈禱，我們的身心兩方面均將獲益
- 祈禱幫助我們把煩惱說出來
- 單獨一個人的力量是很容易被打敗的，但是心懷信仰的人卻可以無所畏懼

培根三百年前就說過：「**哲學的皮毛將引導人成為無神論者。可是深刻的哲學思想卻將人引向宗教。**」

有一陣子，人們常討論科學與宗教的衝突，現在不會了。最年輕的科學——心理學所教導的東西跟耶穌所宣揚的一樣。怎麼說呢？因爲心理學家也發現，祈禱與堅定的宗教信仰可以克服憂鬱、焦慮以及引起各種毛病的壓力及恐懼。他們都像這一行的宗師布里爾博士一樣，深切瞭解：「一個真正有信仰的人不會患精神病。」

如果宗教是假的，人生將毫無意義，那實在太悲慘了。

亨利・福特去世前幾年，卡內基曾經訪問過他。

卡內基見到他之前，想像他多年來創立並經營全世界最大的企業，一定會顯現出他所承受的壓力。

當卡內基見到七十八歲的福特是那麼平靜祥和時，吃了一驚。卡內基問他有沒有憂慮過什麼，他回答：「沒有，我相信上帝會處理一切事情，而且他不會需要我的建議。有上帝在管事，我相信一切都會有最好的結果，那我還擔憂什麼呢？」

在美國，平均每三十五分鐘有一個人自殺，平均每兩分鐘有一個人發瘋。如果人們可以在宗教及祈禱中找到平安，那麼大部分的自殺事件——也包括大部分的瘋狂悲劇——都可以避免。

著名的心理學家卡爾・榮格博士在他的著作《現代人的心靈探索》一書中寫道：「過去三十年來，幾乎所有開放國家都有人來找過我，我的病人有好幾百人。超過三十五歲的病人，沒有一個不是因爲生活中失去信仰而發生問題的。我可以很有把握地說，他們的問題來自於丟掉了曾經滋潤他們的生活信仰，不能重拾信仰的人，也幾乎沒有一個能真正康復。」

威廉・詹姆斯曾說過類似的話：**「人類生存的力量來源，有一個是來自信仰。」**他宣稱：「如果完全失去信仰，那就只有崩潰。」

偉大的印度聖雄甘地如果不是因祈禱帶給他力量，也早就崩潰了。甘地自己曾說過：「若不是祈禱賜給我力量，我早就發瘋了。」

很多精神痛苦的人們如果能向更大的力量求救，而不只是孤軍做生命的困獸之鬥，可能早就得救了。

當我們覺得自己的力量實在有限時，很多人就在絕望中轉向上帝求救。可是，爲什麼總要等到絕望的時候？爲什麼不每天都讓我們的力量再生？爲什麼要等到禮拜天？

卡內基說：「這幾年我已經養成習慣在平常的日子找個下午到空曠的教堂去。當我發現自己成天忙忙碌碌，連祈禱的幾分鐘時間都勻不出來時，我就自問：『戴爾・

卡內基，等一等！渺小的人，成天忙些什麼？你應該停下來做點兒自省了。』這種時候，我通常會到一座教堂去。雖然我是新教徒，但是我常到紐約第五街的天主教堂去，提醒自己我最多再活三十年，可是所有教堂強調的一個真理卻是永生。我閉上眼睛祈禱，頓時感到精神舒暢，全身輕鬆。」

卡內基知道人們常認爲宗教是婦孺或教士的專利，他們很自傲地認爲自己是超人，可以獨自作戰。如果他們發現有名的世界偉人都每天祈禱，一定會十分驚訝。

偉大的拳王傑克．登普西就告訴卡內基，他有睡前祈禱的習慣，他也從不忘記飯前感恩。每一回合的訓練他都先祈禱，每次拳擊賽前，他總不忘在鈴聲響起前做完祈禱。

「祈禱賜予我出賽的勇氣與自信。」他這麼說。

棒球手康尼．麥克也說不祈禱他不能入睡。

美國飛行家艾迪．雷肯貝克說他相信自己的生命全仰賴祈禱，因此，他每日祈禱。

通用汽車公司與美國鋼鐵公司高級主管並曾任美國國務卿的斯特丁紐斯曾說，他每天早晚均祈求指引與更多的智慧。

當代傑出的財務專家摩根，常於週末午後單獨前往教堂祈禱。

偉大的艾森豪飛往英國擔任美英聯合部隊的最高指揮官時，他隨身只帶了一本書，那就是《聖經》。

克拉克將軍也告訴卡內基他在戰時，每天閱讀《聖經》，並跪下祈禱。

蒙哥馬利將軍、尼爾遜大將都有這個習慣。華盛頓將軍、李將軍、傑克遜將軍還有許許多多軍事將領也都一樣。

這些大人物都發現威廉．詹姆斯所說的是對的，這位心理學家曾說：「我們與上帝是相通的，敞開心扉，接受祂的造化，讓我們變成我們希望成爲的人。」

事實上，科學家也在回歸宗教。諾貝爾獎得主，《人的奧秘》一書作者卡雷爾博士曾在《讀者文摘》的一篇文章中寫道：

「通過祈禱，人可以引發最大的能量，它就像地球引力一樣，是完全真實的。作爲醫生，我曾見過治療失敗，卻因祈禱重生的例子……祈禱如同輻射，是光明的源頭，也是自我引發的能量……人們在祈禱中，尋求能量來補充自身有限的能量。我們祈禱時，就是將我們自己與促使宇宙運轉的大能量連接起來。我們祈求能分享到一點兒能力來應付所需。單單只是祈求，就能彌補人的不足，給我們恢復力量……只要我們祈禱，我們的身心兩方面均將獲益。沒有一個人祈禱時，會毫無益處。」

為什麼宗教信仰會帶給人平安祥和？心理學家威廉．詹姆斯回答得很好，他說：「海水的潮流從來不能干擾深海海底的寧靜，一個人若擁有更寬廣更永恆的價值觀，日常的不如意就不能輕易地打擊他。真正篤信宗教的人常是屹立不倒的，他們對日常生活的各種狀況似已做好準備，因此常能坦然面對。」

當我們煩惱焦慮時——何不試著仰賴上帝？德國哲學家康得說：「我們信仰，是因為我們需要信仰。」我們何不把自己與推動宇宙的超能結合起來呢？

即使你不是一個虔誠的人——即使你對這一切都非常懷疑——祈禱還是會帶來超乎想像的益處，因為它是非常實在的。為什麼說祈禱很實在？因為，祈禱可以滿足下列三個基本的心理需求，而不論有沒有宗教信仰：

(1)祈禱幫助我們把煩惱說出來。一個模糊不清的問題是不可能處理的，就某方面來說，祈禱有點兒像把問題寫在一張紙上。如果我們想尋求幫助——即使是向上帝求助——我們也得先把問題說清楚。

(2)祈禱讓我們有一種分擔痛苦的感覺，不再有孤軍奮戰的孤獨感。沒有幾個人堅強到可以獨立擔負所有的煩惱與挫折。有時候，我們的煩惱可能極為隱私，連對最親近的人也不便啓齒。這時只有仰仗祈禱了。心理學家說能把煩惱緊張的事告訴別人，對自己極有益處。而當我們不便告訴別人時——我們總還可以告訴神祇。

(3)祈禱是採取行動的一種形式，它是真正行動的前奏。一個人日復一日地祈禱，不可能毫無收益，我的意思是，他一定會做些什麼去度過難關。

著名的科學家卡雷爾博士曾說過：「祈禱是啓動能源最有效的方式。」爲什麼不多運用它呢？你稱他爲上帝、阿拉或任何稱呼都可以，何必浪費時間去爭執這種超自然能力的名稱呢？

◆祈禱就是將意念轉向注意處，這是心靈淨化的一種好方法。如果你心緒煩亂，馬上開始祈禱吧。

5 讓憂慮到此為止

戴爾・卡內基智慧金言

．具備正確的價值觀念，是獲得心理平衡的最重要的條件

．如果我們對夠讓生活中的各種憂慮「到此為止」，我們會發現生活原來可以這麼開心愉快

卡內基在他剛三十歲的時候，曾決定這一輩子以寫小說爲職業，夢想做傑克・倫敦或哈代第二。當時，他充滿了熱情，在歐洲居住了兩年，寫成了他的「傑作」。卡內基爲那本書取名爲《大風雪》。

這個書名取得太好了，因爲所有出版商對它的態度都像呼嘯著刮過大平原的狂風暴雪一樣冷酷。當卡內基的經紀人告訴他，說這部作品一文不值，說他沒有寫小說的天分的時候，卡內基的心跳幾乎停止了。

「我茫然無措地離開了他的辦公室，當時他即使用棒子敲打我，也不會讓我更吃驚──我簡直驚呆了。」

卡內基發現自己此時正站在生命的十字路口，必須作出一個非常重大的決定。

「我該怎麼辦呢？我該往哪一個方向走呢？」

幾個星期之後，卡內基才從茫然中醒悟過來。當時，他從來沒有聽過「爲你的憂慮劃定『到此爲止』的界限」的說法，可是現在回想起來，他當時正好做了這件事：把自己費盡心血寫那本小說看做一次寶貴的經驗，然後從那裏繼續向前出發，重新回去幹起了成人教育的老本行。

在美國南北戰爭期間，有一次林肯的幾位朋友攻擊他的一些敵人，林肯說：「你們對私人恩怨的感受比我多，也許我這種感覺太少吧。可是我總覺得這樣很不值。一個人實在沒有必要把時間花在爭吵上。要是那個人不再攻擊我，我也不會再記他的仇。」

卡內基真希望他的伊蒂絲姑媽也能有林肯這樣的寬恕精神。

伊蒂絲姑媽和姑父法蘭克住在一棟被抵押出去的農莊上。那裏的土質很壞，灌溉條件又差，收成也不好。他們的日子很艱難，每一個小錢都得省著用。可是伊蒂絲姑媽卻喜歡買一些窗簾和其他的小飾物來裝飾家裏，她曾向密蘇里州馬利維里的一家小雜貨店賒購這些東西。姑父法蘭克很擔心他們的債務，而且他很注重個人的信譽，不願意欠債，所以他私下裏告訴雜貨店老闆，不讓他再賒賬賣給伊蒂絲姑媽東西。

當她聽說這件事之後，大發怒火——那時離現在差不多有五十年了，可是她還在大發脾氣。卡內基曾經不止一次地聽她說起這件事情。他最後一次見到她的時候，她將近八十歲了。

我對她說：「伊蒂絲姑媽，法蘭克姑父這樣羞辱你確實不對，可是你沒有覺得，自從那件事發生之後，你差不多埋怨了半個世紀，這難道不比他所做的事情還要壞嗎？」

還有不朽的托爾斯泰，也就是《戰爭與和平》和《安娜・卡列尼娜》這兩部世界最偉大的小說的作者。

根據大英百科全書的記載，在托爾斯泰生命最後的二十年裏，「可能是全世界最受人尊敬的人」。在他逝世前二十年，他的崇拜者不斷地去他家裏，希望能見他一面，能聽聽他的聲音，或者哪怕只摸一摸他的衣服邊。有人甚至記下他所說的每一句話，就好像那是一句「神諭」一樣。可是在生活中，托爾斯泰在七十歲的時候，還不如七歲的富蘭克林聰明——他簡直一點腦筋也沒有。

托爾斯泰娶了一個他非常喜歡的女孩子。希望上帝能讓他們繼續過這種神仙伴侶的生活。然而，托爾斯泰娶的這個女孩子天性善妒，她常常把自己打扮成鄉下姑娘，到處打探他的行動，甚至偷偷地溜進樹林裏去監視他。他們之間發生了許多次很可怕的爭吵，她甚至嫉妒她自己的親生女兒，曾經用槍把她女兒的照片打穿了一個洞。她會在地板上撒潑打滾，拿著一瓶鴉片，威脅說要自殺，她的孩子們嚇得縮在屋子的角落裏，尖聲大叫。

結果，托爾斯泰是怎麼做的呢？

如果他暴跳如雷，把傢俱打得粉碎的話，沒有誰會怪他，因爲他有理由這樣做。

可是他所做的遠遠比這個要壞多了，他把這些全部記在一本私人日記裏！他想讓他的下一代能夠原諒他，於是把所有的錯誤都推到了他太太身上。

而他太太又是用什麼辦法來對付他這種做法的呢？這還用問嗎？她當然是撕毀並燒掉了他的日記。她自己也寫了一本日記，把錯誤都推在托爾斯泰身上。她甚至還動手寫了一本小說，書名為《誰之錯》。在這本小說裏。她把丈夫描寫成一個家庭破壞者，而她自己則成了一個烈士。

顯然，這裏有幾個理由，其中之一就是他們都非常希望引起別人的注意。

你看，這兩個無知的人付出的代價多麼大啊。這麼多年的時間都住在一個可怕的地獄裏，只因為他們兩個人都不願說「不要再吵了」，因為他們兩人都沒有足夠的價值判斷力，能夠說「讓我們在這件事情上打住吧！我們這是在浪費生命，讓我們現在就說『夠了』吧！」

卡內基相信「具備正確的價值觀念」是獲得心理平靜的最大的秘密之一。他也相信，只要我們能夠訂出一種個人的標準，我們的憂慮有一半可以立刻消除——就是和我們的生活比較起來，什麼樣的事情才值得。

◆心理平衡是人生的一種高境界。一旦你到達了這一境界，就會盡享人生的快樂。為了保持心理平衡，你應該積極行動，讓憂慮到此為止。

【經典新版】卡內基人生致勝教典

編者：舒丹、楊菁、王蕾
原作：戴爾・卡內基
發行人：陳曉林
出版所：風雲時代出版股份有限公司
地址：10576台北市民生東路五段178號7樓之3
電話：(02) 2756-0949
傳真：(02) 2765-3799
執行主編：朱墨菲
美術設計：吳宗潔
行銷企劃：林安莉
業務總監：張瑋鳳

初版日期：2021年1月
版權授權：台海出版社
ISBN：978-986-352-915-6

風雲書網：http://www.eastbooks.com.tw
官方部落格：http://eastbooks.pixnet.net/blog
Facebook：http://www.facebook.com/h7560949
E-mail：h7560949@ms15.hinet.net
劃撥帳號：12043291
戶名：風雲時代出版股份有限公司

風雲發行所：33373桃園市龜山區公西村2鄰復興街304巷96號
電話：(03) 318-1378
傳真：(03) 318-1378
法律顧問：永然法律事務所 李永然律師
北辰著作權事務所 蕭雄淋律師

行政院新聞局局版台業字第3595號 營利事業統一編號22759935

定價 ：270元

國家圖書館出版品預行編目資料

【經典新版】卡內基人生致勝教典 / 舒丹、楊菁、王蕾 編者 . 卡內基原作. -- 初版. -- 臺北市：風雲時代, 2020.12；面； 公分

ISBN 978-986-352-915-6 (平裝)
1.生活指導 2.成功法

177.2 109017299